D1994050

BLECHMANN · ÄLTER WERDEN

Prof. Dr. Wilhelm Blechmann

Älter werden für Anfänger

Gesundheit als Gabe und Aufgabe

Pietsch Verlag Stuttgart

Einbandgestaltung: Siegfried Horn

ISBN 3-613-50065-5

1. Auflage 1987
Copyright © by Pietsch Verlag, Postfach 1370, 7000 Stuttgart 1.
Eine Abteilung des Buch- und Verlagshauses Paul Pietsch GmbH & Co. KG.
Sämtliche Rechte der Verbreitung – in jeglicher Form und Technik – sind vorbehalten.
Satz und Druck: Todt-Druck, 7730 VS-Villingen.
Bindung: Großbuchbinderei E. Riethmüller, 7000 Stuttgart 1.
Printed in Germany.

Inhaltsverzeichnis

Zum Geleit

Jeder will in Gesundheit alt werden, keiner möchte alt sein. Also sollte man meinen, daß sich jeder frühzeitig Gedanken darüber macht, wie er das Altsein mit all seinen möglichen Beschwerden erst gar nicht an sich heranläßt. Das ist nun nicht möglich, denn wir alle werden älter. Aber die meisten Menschen lassen sich vom Älterwerden überraschen. Sie empfinden es als einen Überfall, den man gar nicht ahnen konnte. Vor sich selbst ist man immer 15 Jahre jünger als man wirklich ist. Nur langsam nimmt man Züge des Älterwerdens wahr. Zunächst tröstet man sich mit dem beruhigenden Satz: »Ich kann mich doch noch sehen lassen.« Daraus wird schließlich die beunruhigende Frage: »Kann ich mich noch sehen lassen?« Wir wollen keine Ausflucht, müssen aber dafür sorgen, daß das Alter uns nicht überrumpelt. Wir hoffen, daß die Einsicht in die im folgenden beschriebenen Alternsvorgänge *frühzeitig,* sowohl zum Nachdenken wie zum Handeln anregt. Ich kenne einen Soziologen, der sich - sehr zum Erstaunen seiner Altersgenossen - schon mit 35 Jahren und im Besitz der vollen Gesundheit - mit der soziologischen Seite des Alters beschäftigt, und zwar aus persönlicher Betroffenheit, wie er bekennt.

Die folgenden Seiten wollen auf unkonventionelle Weise und ohne viel Medizinchinesisch in das Problem des Älterwerdens aus medizinischer wie psychologischer Sicht einführen. Damit ist das Buch weder Patientenliteratur, noch enthält es längere Krankenbeschreibungen, die man im übrigen anderweitig nachlesen kann. Es hat einige Sonderheiten:

- Der Untertitel heißt »Gesundheit als *Gabe* und *Aufgabe*«. Als Gabe ist sie uns in unserer Kindheit vertraut, so daß sie selbstverständlich erscheint; als Aufgabe wird sie mehr und mehr begriffen, wenn sich Gesundheitsstörungen einstellen. Das kann schon früh der Fall sein, so daß die Lektüre des Buches auch für den geeignet ist, der sich noch der vollen Gesundheit erfreut und zwischen 30 und 40 Jahre alt ist. Daß auch jetzt schon Gesundheit als Aufgabe erscheint, wird allerdings manchmal erst nach Untersuchungen deutlich. Sie enthüllen oft, was noch unbekannt war.

- Krankengeschichten stehen nur am Rande, sozusagen zur gelegentlichen Illustration. Vielmehr stützt sich die Darstellung auf die weltweite Erforschung der *Risikofaktoren.* Diese erst bewirken, daß aus der augenscheinlichen Gesundheit oft schon eine *Aufgabe* wird. Die Risikofaktoren machen schließlich das Älterwerden schwierig. Sondert man sie aus, so erreicht man zwar kein ewiges Leben, sichert aber ein Altern in Gesundheit und geistiger Frische.
- Die biologischen und seelischen Vorgänge werden elementar beschrieben, so daß der *interessierte Laie* als Adressat mühelos folgen kann.
- Die *Einsicht* in die Alternsvorgänge und deren Verständnis können aber nicht das Letzte sein. Alles Verstehen ist nur sinnvoll, soweit es die Grundlage zum *Handeln* und gesundheitsgemäßen *Verhalten* sein kann. Das Verstehen zielt auf die Praxis. Wir gehen aber von der Erfahrung aus, daß wir nur das zustimmend praktizieren, was wir einsichtig aufgenommen haben.
- Nach unserer Überzeugung muß man das Gesundbleiben so gut wie das Älterwerden *planen.* Das erfordert das Denken in langen Zeiträumen und großen Zusammenhängen.
- Die folgenden Seiten sind keiner Schule verpflichtet. Wir wollen offen sein für *alle* zukunftsweisenden Methoden. Dazu gehört aber auch, daß wir uns die Freiheit nehmen, das zu kritisieren, was uns kritisierenswert erscheint.
- *Polemik* aber soll nicht den Gedankengang lenken. Anderseits ist sie aber wie das Salz in der Suppe: ganz ohne Salz wäre sie fade. Der mündige Leser wird auch diesen Gesichtspunkt würdigen.

- Was wir *nicht* wollen, ist die Erziehung zu einem Gesundheitsfetischismus – quasi als Ersatzreligion. Wenn es uns aber gelänge, einen, der leichtfertig mit dem kostbaren Gut der Gesundheit umgeht, zur Umkehr zu bewegen, so wäre das Ziel dieses Buches erreicht.
- Das Buch ist kein Lehrbuch. Es hat zwar ein durchgehendes Konzept, aber keine Rückverweise. Daher kann der Leser die Lektüre bei jedem beliebigen Kapitel beginnen.
- Der Leser wird bald zweierlei entdecken:

a) daß unsere Kenntnisse der Alternsvorgänge noch recht unvollkommen sind,

b) daß es aber im Lichte der Forschung insgesamt ein optimistisches Bild des Alterns gibt. Die Aufgabe wird uns nicht abgenommen, aber leichter gemacht.

Aus gegebenem Anlaß sei betont, daß die in Kapitel 3 beschriebene Fortentwicklung der Forschung durch Theurer nicht zu einer Gruppe neuer Zelltherapeutika geführt hat, sondern zur Entdeckung der Wirkung biologischer Makromoleküle, die als solche natürlich nicht unter das Verbot des Bundesgesundheitsamtes fallen. Nur diese sind in der Darstellung gemeint.

1 *Die Lebensalter*

Keines ist nur schön - keines ist nur häßlich

Als Romano Guardini 70 Jahre alt wurde, hielt er es für richtig, Betrachtungen über den Sinn der Lebensalter anzustellen. Mit ein paar Vorlesungen umkreiste er das Generationsproblem und beschrieb besonders die ethische und pädagogische Seite. Wir wollen die Fragestellung aufnehmen, aber das Physiologische, Medizinische und Praktische in den Mittelpunkt stellen. Diese Fragestellung scheint uns von besonderer Aktualität. Denn wer sich in das Gespräch mit den Generationen einläßt, bemerkt nur allzuoft eine geheime Feindschaft, welche das aufsteigende Leben dem sinkenden entgegenbringt; als ob nur die Jugend Leben sei und das Alter das Ausrinnen einer Quelle, der nichts mehr nachströmt. Aber auch das Alter ist Leben. Sogar die Jahre hinterlassen im Gesicht des Menschen oft weniger Spuren, als man annimmt. Das merkt man nicht an der höflichen Bemerkung: »Aber du siehst ja noch aus wie vor 20 Jahren«. Überzeugend wird es erst, wenn man über Fotos derselben Person verfügt, wenn Jahrzehnte zwischen den Aufnahmen liegen. Gewiß: Risse, Spuren, Falten haben sich in das Gesicht eingegraben. Aber die groben Strukturen lassen sich wohl wiedererkennen. Wir verfügen über einige Aufnahmen aus der Frühzeit der Fotografie, die technisch naturgemäß unvollkommen sind. Aber darauf kommt es ja nicht an.

Foto Nr. 1 zeigt ein dreijähriges Mädchen in der damals gewünschten Fotohaltung, einen Spielball in den Fäustchen, mit einer überdimensionalen Haarschleife. Die verträumten Augen der frühzeitigen Märchenerzählerin fallen besonders auf.

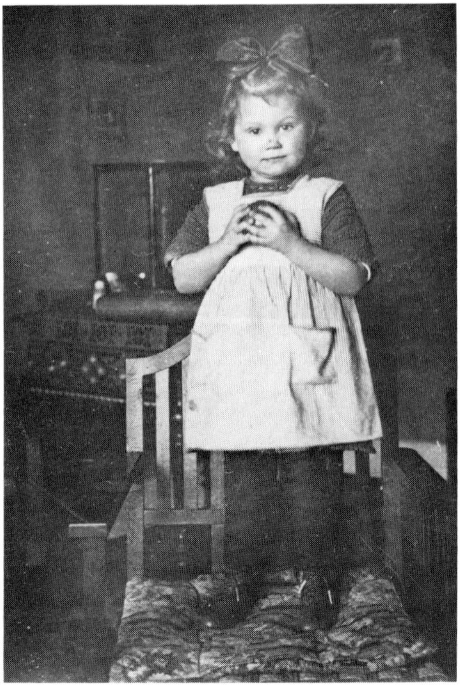

Foto 1: Das dreijährige Mädchen (Foto 1923!) zeigt die alte, brave Fotopose, beeindruckt aber durch die weitgeöffneten Augen, die eher verträumt als verspielt in die Welt blicken. Entwicklungsmerkmal: Urvertrauen, d. h. ohne grundlose Angst vor anderen Menschen (Foto: Norrenberg, Bonn)

Foto 2: Das Mädchen von Foto 1 ist inzwischen 55 Jahre älter geworden. (Foto: W. Blechmann, Mülheim)

Foto 3: Charakterkopf eines 84jährigen bayerischen Verlegers
(Foto: L. Blechmann, Mülheim)

Foto 2 zeigt denselben Menschen 55 Jahre älter. Die veränderte Kopfhaltung erschwert zwar das Wiedererkennen, macht es aber nicht unmöglich. Neben solchen Konstanten gibt es die bekannten schnellen Veränderungen. Sie sind aber nicht so häufig, wie man meint, weil Knochen und Muskulatur sich weniger schnell verändern. Aber auch die beim Lachen sich bildenden Fältchen um die Augen vermögen durchaus attraktiv zu sein, so daß das Altwerden nicht notwendig mit Häßlichsein zusammenfällt.

Bei Männern insbesondere vermag die Profilierung des Gesichtes im Alter den Charakter herauszuarbeiten, wie bei dem Foto 3 eines 84jährigen bayerischen Verlegers. Hier wird die charakteristische Art deutlich, wie der Mensch er selber ist: Persönlichkeit im Aufbau seines körperlich-seelisch-geistigen Lebens, die nicht der Trostlosigkeit verfallen ist, Wachheit und Sinnverständnis. Es scheint wenig vernünftig, hier nach dem schönsten

Foto 4: Schnappschuß. Kinder auf dem Jahrmarkt: glückliche Kindheit: sich geborgen wissend und Geborgenheit gebend, beeindruckend die schützende Geste des Bruders. (Foto: L. Blechmann, Mülheim)

Porträt zu fragen, wo doch alles sich nur nach dem Ausdruck der Innerlichkeit bewerten läßt.

Andererseits kann schon bei Kindern Sorge und Anteilnahme am Nächsten ausgedrückt sein, wie man sie sonst nur bei Erwachsenen vermutet. Wir entdecken sie auf Foto 4, wo in der Gebärde des schützenden Armes sich die Sorge des Bruders für sein Schwesterchen ausdrückt. Jedes Lebensalter hat seine Reize, und diese ermessen sich nicht an der faltenfreien Haut. Das Fältchen-Zählen geht am Wesentlichen vorbei. Was »häßlich« und »nicht häßlich« ist, läßt sich nicht nach Aussehensnormen bestimmen, die für das jeweilige Alter eine Schönheitsvorschrift geben. Das Interessante, Charakteristische entzieht sich meist den Normen.

2 *Wie alt können wir werden?*

Der Wunsch nach einem ewigen Leben auf Erden ist so alt wie die Menschheit. Dem steht die allgemeine Erfahrung entgegen, daß wir alle älter werden und sterben müssen. Aus diesem Dilemma entstehen Mythen, Märchen - und manche Geriatrica. Hans Sachs kennt den Jungbrunnen, worin sich die Alten verjüngen, und verlegt den Ort der Handlung ins Schlaraffenland. In Grimms Märchen, »Das Wasser des Lebens«, fürchtet ein König um sein Leben, weil er sehr krank ist. Aber jemand in seiner Umgebung weiß von einem Geheimmittel: »Ich weiß noch ein Mittel, das ist das Wasser des Lebens. Wenn er davon trinkt, so wird er wieder gesund, es ist aber schwer zu finden«. Solche Mittel, dem Tode ausweichen zu wollen, scheinen heute gar nicht schwer zu finden zu sein, wenn man die Werbeanzeigen in manchen Blättern liest. Wenn die dort empfohlenen Mittel auch nicht den Tod endgültig vertreiben, so geben sie doch vor, gegen alle möglichen Altersbeschwerden möglichst gleichzeitig wirksam zu sein.

Grimms Märchen zeichnen aber einen anderen Weg. Sie sind nicht so optimistisch. Im »Gevatter Tod« hat der Jüngling bei seiner Taufe den Tod selbst zum Paten erhalten und empfängt von ihm die Gabe, alle Krankheiten zu heilen. Dafür erhält er von ihm ein wunderbares Kraut, dessen Essenz in Tropfenform Heilkraft hat. Er darf es aber nur anwenden, wenn für ihn der Tod zu Häupten, niemals jedoch, wenn er zu Füßen des Kranken sichtbar wird. Damit wird er eingeweiht in eine vorwissenschaftliche ärztliche Kunst. Der eingeweihte Arzt darf niemals gegen das Schicksal heilen. Er hat einen hellseherischen Blick für das Walten der Todesmacht im Körper des Patienten. Steht also der Knochenmann am Kopfende des Krankenbettes, so ist »es in Ordnung«, daß der Arzt heilt. Erst wenn er am Fußende steht, ist der Patient ein Todgeweihter. Dieses Gesetz soll der Eingeweihte respektieren.

Das Märchen schildert nun, wie der junge Arzt der Versuchung unterliegt, gegen das Schicksal heilen zu wollen. Eben das schlägt gegen ihn selbst zurück. Mit eiskalter Hand führt ihn der Tod in eine unterirdische Höhle. Dort muß er die Lebenslichter der Menschen schauen: große, halbabgebrannte, ganz kleine. Alles Bitten, daß ihm der Pate doch ein großes, neues anzünden möge, ist umsonst. »Erst muß eins verlöschen, ehe ein anderes neues anbrennt«, sagt ihm der Pate. Der Arzt muß daher erleiden, daß seine Kerze auslöscht und er selbst umsinkt.

Die Unerbittlichkeit des Todes als Daseinsgesetz zeigt, wo »das Wasser des Lebens« keine Wirkung mehr hat. Das Märchen gibt aber auch einen Hinweis auf jenes Geheimnis, wo das Lebenslicht in verborgenen Tiefen einstmals zu neuem Leuchten entfacht wurde. Im Märchen bestätigt sich das Wort von C. G. Jung: »Es gibt nichts, was der Mensch völlig durchschaut«.

Soweit das Märchen – und was sagt die Naturwissenschaft?

Je mehr wir uns von Mythen und Märchen entfernen, desto mehr begehren wir zu wissen, exakt zu wissen, was die Dauer unseres Bleibens auf der Erde ist, die uns einerseits durch die Naturwissenschaften immer vertrauter geworden ist, wo aber anderseits aus dem persönlichen Gott der Religion die Abstraktion einer ersten Ursache geworden ist. So werden im 18. Jahrhundert die Worte »Natur« und »Naturgesetz« zu magischen Chiffren. Der englische Philosoph Hume schwärmt: »Sehen Sie sich die Welt an! Sie werden herausfinden, daß sie nichts ist als eine große Maschine, unterteilt in viele kleine Maschinen«. Und schließlich gilt auch der Mensch selbst nur noch als eine nach Naturgesetzen funktionierende Maschine. Dieses Maschinenmodell löst ältere, organische Vorstellungen ab. Man glaubt, daß damit auch der Mensch mehr und mehr durchschaubar wird. So kompliziert auch das Ineinandergreifen der Räder und Rädchen sein mag: grundsätzlich ist es durchschaubar. Und auch heute bedienen wir uns weitgehend technischer Ausdrücke, wenn wir etwa das Herz als Pumpe bezeichnen, denn schließlich ist die Pumpfunktion das Wichtigste an diesem Organ. Wir neigen dann leicht dazu, unseren sterblichen Körper zu verstehen wie einen Otto-Motor. Die technische Welt hat uns so vereinnahmt, daß wir glauben, damit das Letzte gesagt zu haben.

Führt uns die Maschinenvorstellung des Leibes zum Verstehen unserer Endlichkeit?

Wenn nun Maschinenvorstellungen uns so beherrschen, so liegt es nahe, daß wir Krankheiten oder Alterserscheinungen als eine Art Maschinendefekte auffassen, die evtl. durch eine Reparatur behoben werden können. So können wir ja die Lebensdauer eines Motors ungefähr abschätzen. Er ist durch technische Verbesserungen immer langlebiger geworden. Der technische Fortschritt ist deutlich spürbar. Wer vom Maschinenmodell herkommt, dem scheint ein Vergleich mit dem menschlichen Körper durchaus begründet. Die moderne Medizin hat mit neuen Heilmethoden und Arzneimitteln - man denke nur an das Penicillin - wirkliche Fortschritte erzielt: wir haben schließlich eine wachsende Zahl von älteren Menschen in den Industrienationen. Die Langlebigkeit des Menschen ist beachtlich gestiegen. Aber jetzt hört die Vergleichsmöglichkeit mit dem technischen Fortschritt auf; denn das *Höchst*lebensalter des Menschen konnte *nicht* angehoben werden. Seit Jahrhunderten liegt es zwischen 115 bis 120 Jahren. Unter den vielen Milliarden Menschen, die je gelebt haben, ist es bisher keinem einzigen gelungen, auch nicht unter günstigsten

Bedingungen, sehr viel länger als der Durchschnitt zu leben. Die Ausnahmen bestätigen die Regel: der Prozentsatz der Hundertjährigen (0.01%) hat sich innerhalb von 150 Jahren, als man in England und Schweden begann, über die sehr alten Menschen Buch zu führen, nicht verändert. Die gelegentlich kolportierten Geschichten über Stämme und Völker mit überdurchschnittlicher Lebensdauer haben sich nicht bestätigt. So hat namentlich in Ecuador, das eine Bevölkerung mit sehr hohem Lebensalter haben soll, der Amerikaner Leaf Nachforschungen angestellt. Sie hatten kuriose Ergebnisse: als er das wirkliche Lebensalter eines angeblich 132jährigen Mannes erforschte, stellte er fest, daß es an Beweisen dafür fehlte. Das Taufbuch, das in einem solchen Falle hätte Auskunft geben können, war teilweise verbrannt, und die ersten sieben Seiten waren herausgerissen. Manchmal lagen Namensverwechslungen vor, so daß der Sohn mit dem Geburtstag seines Vaters erschien. Auch das angeblich hohe Lebensalter der kaukasischen Bevölkerung hat sich nicht beweisen lassen. Russische Forscher haben darauf hingewiesen, daß die früher gängigen Personalunterlagen nicht viel besagen, da erst 1932 durch die sowjetische Verwaltung verläßliche Dokumente eingeführt wurden. Die davor liegenden Erhebungen beruhen meist auf Befragungen und sind damit unzuverlässig. Heute gilt allgemein, daß die Lebenserwartung in den Industrienationen für die jüngeren Jahrgänge zwar gestiegen ist, nicht aber für die älteren (ab 80 Jahren). Auch der beste Gesundheitszustand läßt offenbar das Sterbealter nicht erheblich ansteigen.

Wieso das Maschinenmodell für den menschlichen Organismus versagt.

Ein nur materielles Gebilde kann jeweils nach den Gesetzen der Physik und Chemie nur die Programme durchführen, die in ihm niedergelegt sind. Es läßt sich sehr wohl eine Maschine denken, die sich bei entsprechender Material- und Energiezufuhr selbst in Betrieb hält. Aber ein Organismus müßte eine Maschine besonderer Art sein: 1. sie müßte sich selbst in Betrieb halten und sich ständig erneuern durch *Verarbeitung zugeführten Materials*, 2. sie müßte sich selbst ähnliche Maschinen produzieren, 3. sie müßte sich selbst auf die verschiedensten Reize hin die Nahrung suchen, 4. sie müßte sich selbst ausbessern und aufbauen können, 5. sie müßte sich in den verschiedensten Situationen auf unvorhersehbare Möglichkeiten hin richtig verhalten, d. h. im Sinne einer Arterhaltung. Eine solche Maschine wäre aber ein Widerspruch in sich, weil ihre Leistung von höherer Mächtigkeit ist als das darin niedergelegte Programm. Das Lebensgeschehen ist nun einmal nicht passives, zielloses, sondern aktives, zielstrebiges Geschehen. Dennoch hat auch dieses Geschehen eine von außen gesetzte Grenze, denn sonst gäbe es kein Todeslimit.

Wie alt können wir heute also werden?

»Kuckuck, Kuckuck, sag mir doch, wieviel Jahre leb' ich noch?« Dieser Kinderreim mit seiner Frage ist um so seltsamer, als die Lebenszeit des Kindes sich doch so unfraglich fest in eine unabsehbare Zukunft erstreckt. Erst beim Erwachsenen erfährt die Frage eine individuelle Zuspitzung: wieviel Jahre habe ich noch vor mir? Wenn auch die Beantwortung dieser Frage sich jeder letzten Kalkulation entzieht, so ist der Versuch einer Beantwortung bei allen nachdenklichen Naturen anzutreffen und wird oft zur Spekulation. So versuchte etwa Thomas Mann vergeblich (wie sich versteht) die Frage für sich zu beantworten, indem er seine Krankengeschichten und seine Erbanlagen in das Kalkül einbezog. Zunächst können wir nur sagen, daß die Lebewesen überhaupt ein sehr verschiedenes Lebensalter haben. Je nach Art finden sich höchst bemerkenswerte Unterschiede. So sind Mäuse schon mit zwei bis drei Jahren hochbetagt. Und der Kuckuck, der uns die persönliche Lebensdauer ansagen sollte, kann uns höchstens das *artspezifische* Alter nennen. Damit müssen wir annehmen, daß das Lebensalter auch artgenetisch programmiert ist.

Warum erreichen wir das artenspezifische Grenzalter von ca. 120 Jahren nicht?

Diese Frage bleibt offen. Eindeutig sind Krankheiten daran schuld. Altern hat viel mit Krankheiten zu tun, aber ebenso ist gewiß, daß *das Altern selbst keine Krankheit* ist. So müssen wir annehmen, daß während unseres Lebens lebensverkürzende Faktoren dazu beitragen, daß wir das Grenzalter von 120 Jahren kaum jemals erreichen. Diesen Sachverhalt hat der Dresdner Krebsforscher Manfred von Ardenne in einer anschaulichen Skizze wiedergegeben, die wir mit seiner freundlichen Genehmigung seiner »Ärztezeitschrift für Naturheilverfahren« (1985, 26 No. 324) entnehmen. Manfred von Ardenne stellt das tatsächlich erreichte Lebensalter in Zusammenhang mit dem biologischen Tod aus Altersschwäche und listet die Störfaktoren auf, die eben die Erreichung des maximalen Alters verhindern.

Die Diagonale durchschneidet das Quadrat von links oben nach rechts unten und zeigt den idealen, ungestörten Lebenslauf. Die Grafik macht deutlich, daß die ideale Lebenserwartung von 120 Jahren nicht erreicht wird und das tatsächlich erreichte Lebensalter unterhalb des maximalen Grenzwertes liegt. Die Grafik sagt aber auch, *warum* das so ist. Wir sehen, wie verschiedene Krankheiten einen Abbruch der Ideallinie bedeuten, d. h. Verkürzung der Lebenserwartung durch Infektionskrankheiten mit folgenden Organschäden: durch bösartige Geschwülste mit Metastasen, Herzinfarkt, Kreislauferkrankungen usw. Rechts sind einige der krankheitserregenden Störfaktoren aufgelistet. Auf der Skizze sehen wir neben der Idealdiagonale einen nach unten weisenden Pfeil mit der Beschriftung »O_2-Mangel«. Er besagt, daß

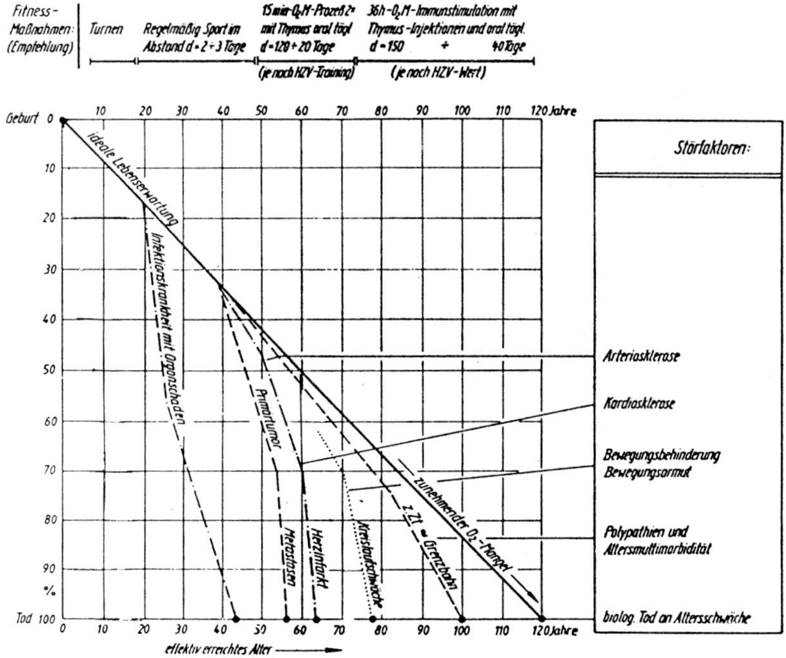

Was das gesunde Altern stört (nach Manfred von Ardenne).

mit zunehmendem Alter der Sauerstoffmangel immer größer wird. Es liegt nahe, diese unbestreitbar vorhandene Unterversorgung des Körpers mit Sauerstoff – sie ist exakt meßbar – in Zusammenhang zu bringen mit dem Altersvorgang selbst. Manfred von Ardenne geht davon aus, daß die im Laufe des Älterwerdens sich einstellende Mangelversorgung mit Sauerstoff eine Vorbedingung für das Erkranken der Zellen, als der kleinsten Lebensbausteine, ist. Der Sauerstofftransport in die Gewebe, also das Angebot wird geringer, während gleichzeitig der Bedarf an Sauerstoff wächst. Diese gestörte Bilanz ist der Boden, auf dem von Ardenne ein in sich einsichtiges Konzept entwickelt, das allerdings von der Schulmedizin umstritten ist. Wenn aber Sauerstoffmangel Erkrankungen begünstigt, so ergibt sich daraus die praktische und damit auch therapeutische Folgerung, eben diesen Sauerstoff dem Gewebe zuzuführen. Das kann auf mancherlei Weise geschehen. Die einfachste Behandlung besteht darin, daß mit oder ohne Verbindung sauerstoffhaltiger Präparate (Oxygenabund) dem Körper durch eine Maske Sauerstoff zum Einatmen zugeführt wird, wobei die kürzeste Behandlung 15 Minuten dauert. Wichtig ist dabei, daß die Verabfolgung von Sauerstoff *bei gleichzeitiger körperlicher Belastung,* etwa durch Fahrrad mit Ergometer, erfolgt. Damit wird die oft bestehende Inaktivität durchbrochen und gleichzeitig der Sauerstoffspiegel im Gewebe angehoben. Es findet also eine Anreicherung mit Sauerstoff statt, die genau meßbar und deren Effekt damit beweisbar ist. So etwas kann man nicht schon durch Wandern oder sonstige Tätigkeit in frischer Luft erreichen. Entscheidend ist vielmehr, daß die Schaltschwelle im Mechanismus der Blutzirkulation überschritten wird. Das ist Voraussetzung für vorbeugende oder heilende Wirkung. Durch körperliche Tätigkeit *allein* ist das nicht möglich. Ein Medizin-Redakteur der »Zeit« beschreibt, wie er sich nach einem Herzinfarkt der Sauerstoffbehandlung unterzog und dann dreimal die 13 Stockwerke seines Hotels beschwerdefrei hochsteigen konnte, während er vorher schon vor dem Erreichen des zweiten Stockwerks wegen einsetzender Herzschmerzen (Angina pectoris) den Aufstieg abbrechen mußte. Allerdings hätte sein Artikel nicht des reißerischen Titels »Nach Dresden – des Herzens wegen« bedurft, da es diese Behandlungsmöglichkeit auch in der Bundesrepublik gibt.

90 % aller Todesfälle durch Verlust der Widerstandskraft im Alter

Wir sehen, daß wir das uns durch die Natur gesetzte Grenzalter nicht erreichen, weil – wie amerikanische Untersuchungen ergeben – 90 % aller Todesfälle wesentlich durch den Verlust an

Widerstandskraft im Alter bedingt sind. Damit ist aber die Aufgabe einer modernen Medizin umrissen: Es geht weniger um die Bekämpfung der Krankheit als um die Bekämpfung des Krank-*werdens.* Wenn es etwa gelingen würde, die Arteriosklerose hintanzuhalten, so hätten wir aus dem Alternsgeschehen einen gewichtigen Risikofaktor herausgefiltert.

Risikofaktoren und Eigentätigkeit

Manfred von Ardennes Diagnose der Zivilisationsschäden deckt sich wesentlich mit der der sonst bekannten Risikofaktoren. Der Verlust unserer Gesundheitsreserven wird durch eine ungesunde Lebensführung begünstigt: *Zigarettenrauchen, Überernährung, Bewegungsmangel.* Schon durch einen Totalverzicht auf Zigarettenrauchen wird das Auftreten der Risikofolgen sehr viel geringer, und die Wahrscheinlichkeit, an Lungenkrebs zu erkranken, sinkt gegen Null. Statistisch ist gesichert, daß die Verkalkung schon durch Einhaltung des Idealgewichts sowie durch körperliche Betätigung nicht mehr zu einem klinischen Problem werden muß. In den USA ist die Verbesserung der Lebenserwartung sichtlich auf die Verhütung von Herz- und Kreislauferkrankungen durch zweckmäßige Ernähung (wenig Zucker, wenig Fett), aber auch durch eine frühzeitige Behandlung des Bluthochdrucks zurückzuführen. *Wir müssen beherzigen, daß nicht so sehr unsere Medikamente unser lebenswertes Leben verlängern als unsere eigenen Anstrengungen.* Der Untertitel dieses Buches bekommt hier seinen Sinn: Gesundheit als Gabe *und* Aufgabe. Aufgegeben ist das, was uns nicht von der Natur aus mitgeschenkt wird. So haben wir auch die für das Alter gefährlichen Krankheiten hinauszuschieben, bzw. zu verhüten. Wer rastet, der rostet, gilt auch hier. Allerdings sehen wir auch, daß schlechte Umweltbedingungen, unzureichende Ernährung, Mangel an Medikamenten in einigen Regionen der Welt als Summierung dem Trend der Lebensverlängerung zuwiderlaufen. So nimmt in Polen gegenwärtig die Lebenserwartung statistisch etwas ab – im Gegensatz zu den wohlhabenden Industrienationen, die dafür ihre eigene Problematik haben.

3 *Wie altern wir?*

Der Alternsvorgang ist eine sehr verwickelte Erscheinung. Sonst wäre es schon längst möglich gewesen, zwar nicht das Wasser des Lebens, aber ein Wässerchen gegen das Älterwerden zu finden. Es ist unsinnig, den ganzen Vorgang auf nur *eine* Ursache zurückführen zu wollen, und sei es der belegte Sauerstoffmangel. Das tut auch von Ardenne nicht, spricht er doch ausdrücklich von einer *Mehrschritt*-Therapie. Wir legen diesem Wort einen eigenen Sinn unter, indem wir das Wort nicht nur quantitativ verstehen: einen Schritt nach dem anderen, sondern auch qualitativ: Sauerstofftherapie *und* andere Methoden, also im Sinne einer pluralistischen Öffnung.

Wo sollen wir ansetzen, wenn wir Altersschäden verhüten wollen? Auch wenn wir vom erwähnten Sauerstoffmangel absehen, so bleibt die Antwort nicht einfach. Werfen wir einen Blick auf die biologischen Veränderungen, die im Laufe der Zeit auftreten, so sehen wir, daß sie den ganzen Organismus betreffen: Von der Kleinform der Zelle bis zum ganzen Organismus. Dabei bemerken wir die erwähnte Abnahme der Widerstandskraft gegen äußere und innere Schädigungen oder Störfaktoren. Das wird von Mensch zu Mensch, von Organ zu Organ unterschiedlich sein. Wir altern nicht überall gleichzeitig und in gleichem Umfang. Außerdem gibt es Vorgänge, wie etwa das Ergrauen der Haare, die zwar mit dem Alter zusammenhängen, aber nicht altersspezifisch sind. Ungelöst ist nach wie vor die *Ursache* der altersbedingten Veränderungen. Wer sagt: »Wir sind so alt wie unser Bindegewebe«, hat die Frage nicht etwa gelöst, sondern nur verschoben. Denn nun hieße logischerweise die nächste Frage: Was läßt denn dieses Bindegewebe altern? usw. An Theorien fehlt es nicht.

Inzwischen neigt die Forschung mehr und mehr dazu, die Alternsvorgänge auf der Ebene der Zelle oder der biologischen Großmoleküle zu diskutieren. Damit müßten wir sagen: wir sind so alt wie unsere Zellen. Wir müßten eine Ergänzung anbringen, die noch gar nicht so alt ist: die Zellen sind nicht unsterblich, wie man früher einmal annahm. Sie vervielfältigen und erneuern sich durch Teilung. Aber diese Teilungsmöglichkeit hat einmal ein Ende. Wenn unser Grenzwertalter erreicht ist, stirbt der Mensch nun einmal - von allen Krankheiten abgesehen - an Erschöpfung des Teilungspotentials. Hayflick, der dieses Phänomen vor anderen erforscht hat, spricht von einer »biologischen Glocke«. Die Möglichkeit der Zellen, sich zu teilen, ist Voraussetzung für das Leben. Wir brauchen uns nur vor Augen zu halten, wie sich das Gewebe ständig erneuert. Die Haut, die roten Blutkörperchen, die Schleimhaut der Verdauungsorgane sind so hohem Verschleiß ausgesetzt, daß das Leben bald unmöglich wäre, wenn sie nicht rasch ersetzt werden könnten. Andere Teile des Körpers haben ein starkes Erneuerungspotential, das erst bei Bedarf aktiviert wird. Bei Versuchstieren beobachten wir, wie eine fast völlig herausgeschnittene Leber nachwächst. Wir verstehen vorläufig noch nicht, wie das abläuft. Allerdings gibt es auch Zellarten, die nicht erneuert werden können. Dazu gehören auch Herz- und Skelettmuskelzellen. Zwar kann man auch hier unter Umständen nach einer Schädigung ein gewaltiges Wachstum feststellen, doch handelt es sich hier um ein bloßes Größenwachstum bestehender Zellen, keineswegs um neue Zellen aus Zellteilung.

Ein Lehrbuch der Anatomie (Lippert, Anatomie, München, 1976, S. 398) hebt Grundsätzliches in verständlicher Sprache hervor: »Die Zelle gilt als der Grundbaustein aller Lebewesen. Wenn wir den Begriff Baustein wörtlich nehmen wollen, können wir die Zellen mit den Ziegeln eines Hauses vergleichen. So wie es nach Ausgangsart und Größe sehr verschiedene Ziegel gibt, so sind auch die Zellen je nach ihrer Aufgabe in ihrem feineren Bau und ihrer Größe recht unterschiedlich. Der Begriff Zelle ist vom lat. cellula = Kämmerchen im 17. Jahrh. abgeleitet, als man mit den damals aufkommenden, noch recht primitiven Mikroskopen kleine Hohlräume in Pflanzen bemerkte. Bei der Pflanzenzelle liegt der Vergleich mit einem Kämmerchen nahe, da diese im Gegensatz zur Tierzelle eine *feste Zellwand* besitzt. Erst im 19. Jahrhundert wurde der Zellbegriff im heutigen Sinn entwikkelt, nachdem man den Zellkern entdeckt hatte.« Seither unterscheiden wir Zellkern und Zelleib als die beiden Hauptbestandteile der Zelle. Sie sind elektronenmikroskopisch deutlich zu erkennen. Aber ebenso ist deutlich, daß die Zelle selbst kein ungegliedertes Ganzes ist. Sie ist eine Art Universum. Sie ist die kleinste Einheit, die alle Charakteristika des Lebens enthält: Und dazu gehört auch Bewegung, die keine Abbildung als stehendes Bild wiedergeben kann. Die Fadenkörner, die wir im Zelleib sehen, sind formveränderlich und in dauernder kreisender oder drehender Bewegung. Sie sind die Kraftwerke der Zelle und für die biologische Sauerstoffverwertung verantwortlich. Sie dienen der Speicherung und Freisetzung der Energie. Im Zellkern steckt der Informationsgehalt der Zelle. Die hier enthaltene Information ist in einer Botschaft gespeichert, die in den Zelleib weiter transportiert werden muß. Das ist nur möglich, wenn wir uns die Grenzen des Zellkerns nicht als undurchdringbare Wand vorstellen. Vielmehr gibt es hier Öffnungen, Löcher und Durchtrittsstellen, die je nach Bedarf geöffnet oder geschlossen werden. Somit stellt die Zelle ein höchst kompliziertes Ökosystem dar. Und wir sind letzten Endes so verwundbar und so gefährdet in unserem Gesundheitszustand wie dieses System.

Bei der Erkenntnis solcher Bedeutung der Zelle lag es nahe, Überlegungen anzustellen, wie man diese in einem guten, d. h. jetzt teilungsfähigen Zustand erhalten kann. Damit wurde ein Kapitel kontroverser Wissenschaftsgeschichte und praktischer Medizin aufgeschlagen. Der Schweizer Arzt Max Niehans setzte die Zellen selbst zur Heilung ein. Er verwendete Aufschwemmungen von frischen Tierzellen. Später wurden durch Gefrierung getrocknete Zellen eingesetzt. Die Behandlungsergebnisse waren z. T. verblüffend und brachten eine wahre Regeneration, zum Teil aber auch weniger glücklich, vor allem wegen der gelegentlich auftretenden Nebenwirkungen. Außerdem waren die Erfolge meist kurzfristig. Ein weiteres Problem stellte die Schwierigkeit der Dosierung dar, weil eine Standardisierung der Wirkung noch nicht gefunden war, so daß das Bundesgesundheitsamt vor dieser Methode warnt. Dennoch war das Grundkonzept von Niehans richtig. Aber es bedurfte einiger Zeit, ehe es in neuer Form für den Arzt verfügbar wurde.

Die entscheidende Fort- und Umbildung der Methode und die Beseitigung der technischen Schwierigkeiten gelang 1951 dem Stuttgarter Arzt Karl Theurer. Seit dieser Zeit ist die Organotherapie eine Methode ohne Gefahren. Es gelang damit, Defekte an erkrankten oder beschädigten Zellen durch Zufuhr von Bestandteilen des Zelleibes der entsprechenden gesunden Zellen rückgängig zu machen. Die technischen Probleme waren inzwischen gelöst: wässrige Lösungen wurden hergestellt, nach homöopathischer Weise verdünnt und in aufsteigender Stärke verabfolgt. Inzwischen gibt es auch die Trockensubstanzen in völlig wasserlöslicher Form, so daß nun auch intravenöse Einspritzungen möglich sind. Wegen der fehlenden Nebenwirkungen eignen sich die Präparate (Vitorgan) besonders auch für die Therapie einsetzender Alterserkrankungen, namentlich seit es Kombinationspräparate gibt, die an mehreren Stellen des Zellsystems Reparaturen anregen können. Neben dem Sauerstoff ist hiermit die andere Säule benannt, auf die sich unser therapeutisches Tun stützt: »Heilen mit Zellen« – gleichzeitig der Titel eines Buches von Silló-Seidl, das sich mit den Einzelheiten der modernen Zelltherapie beschäftigt (Pietsch Verlag, Stuttgart). Der Leitgedanke ist »Ursachen behandeln, nicht Symptome«. Gerade im Alter muß eine wirksame Unterstützung aller wichtigen Organe im Mittelpunkt des ärztlichen Tuns stehen. Daß nur wenige Menschen das biologische Grenzalter von 120 Jahren erreichen, liegt an den im Alter oft mehrfach auftretenden Krankheiten (Multimorbidität). Daher muß die Therapie auf mehrere Organe zielen. Es gibt Untersuchungen an Höchstbetagten, die das eindrucksvoll fordern. Die Leichenöffnung des bisher ältesten untersuchten Menschen, einer 111jährigen Frau aus Landau (Pfalz) ergab keine Anhaltspunkte für einen Tod aus biologischer Altersschwäche. Die Betreffende war bis zu ihrem 110. Lebensjahr noch relativ rüstig. Wohl aber entdeckte man an dieser Frau nach ihrem Tode, daß sie nicht weniger als 20 Leiden und Krankheiten hatte. Der Summe dieses Krankheitsdrucks ist die Patientin schließlich erlegen.

Dieser Druck kann durch Verabfolgung von biologischen Makromolekülen erleichtert werden. Im Tierversuch hat sich längst gezeigt, was sie alles leisten, namentlich bei Ratten, die Röntgenstrahlen ausgesetzt waren. Die Strahlenschäden, die bei unbehandelten Tieren tödlich waren, waren nicht so gefährlich, wenn eine frühzeitige Behandlung mit Biomolekülen einsetzte. Die Reparatursynthese im Zellkern war nämlich bei den Kontrolltieren um 32 % erhöht. Überzeugender kann ein Beweis für die Schutzwirkung von Biomolekülen kaum ausfallen.

4 *Thymus als Wunderwaffe gegen das Altern?*

Gegen das Älterwerden hat man schon immer eine Wunderwaffe gesucht und ist auf die kuriosesten Mittel verfallen, die keiner ernsthaften Prüfung mehr standhalten, aber eine solche Prüfung auch nicht nötig haben, da sie auf den ersten Blick unsinnig sind. Aber es gibt fast nichts, was sich nicht doch noch verkaufen läßt. Ein Rückblick läßt erkennen, welche Phantasie von Wunderheilern entwickelt wurde, um an das Geld der älteren Menschen zu kommen. So bot man um die 50er Jahre bebrütete sog. Trephoneier zu DM 2,- pro Stück an, mit dem Versprechen eines gesunden, langen Lebens. Die Vermarktung der Angst vor dem Alter zahlt sich leicht aus und stellt den Betrügern einträgliche Einkünfte ins Haus. Sie sind die einzigen, die von ihren verkauften Produkten profitieren. Das müssen wir immer bedenken, wenn uns die Tagespresse etwas Besonderes gegen das Alter offeriert. Am Rande versteht sich aber, daß auch die ernsthafte Pharma-Industrie an schnellen Gewinnen interessiert ist und mit einigen Rennern das Blaue vom Himmel in Aussicht stellt.

In eine ähnliche verdächtige Situation ist vor einiger Zeit auch die Behandlung mit Thymuszellen geraten. Normalerweise setzt die Organtherapie mit dem Präparat ein, das dem erkrankten Organ entspricht, also etwa Niere wird mit Niere behandelt, Herz mit Herz usw., möglichst bei gleichzeitiger Entlastung anderer Organe. Was hat man in solcher Situation von der Thymusdrüse zu halten? Ein Forscher wie Stiefel (Heilkunst 1982, 8) hat die Lage wie folgt zusammengefaßt: »Thymus ist in den letzten Jahren mehr und mehr zu einem Reizwort und Modebegriff geworden. Thymus begegnet uns inzwischen in jeder Tageszeitung, und auch die Boulevard-Presse hat sich bereits mit mehr oder weniger

Geschick auf diesen Begriff gestürzt und ihn zu einer therapeutischen Zauberformel gemacht. Was steckt nun an wissenschaftlichen und klinisch belegbaren Erkenntnissen hinter diesem Begriff? Betrachtet man die Zahl der wissenschaftlichen Veröffentlichungen auf diesem Gebiet, so stellt man fest, daß z. B. 1938 nur 40 Publikationen, 1958 immerhin schon 340 und 1977 die kaum noch zu übersehende Zahl von 5000 erschienen sind – mit steigender Tendenz. Die Erforschung des Thymus gewinnt also ein immer stärkeres wissenschaftliches Interesse. Besonders gilt das für die USA, wo seit der Isolierung der ersten Thymuspeptide ein wahrer Thymus-Boom zu verzeichnen ist.«

Der Thymus (Bries) ist ein bröseliges Organ hinter dem Brustbein und wurde früher, wie die Nachweise bei Seifert zeigen, kaum beachtet. Das Organ hat im Kindesalter ein Gewicht von etwa 30 Gramm, bildet sich aber bald zurück und ist im Alter nur noch in verkümmerter Form nachweisbar. Es liegt nahe anzunehmen, daß es eben im Kindesalter eine besonders wichtige Funktion hat. Es gehört zum Immunsystem und ist ein wichtiges Kontrollorgan, indem es den Körper in die Lage versetzt, körperfremde Substanzen abzuwehren – offenbar für das Kindesalter besonders wichtig. Es ist also ein wichtiges Organ der Abwehr, allerdings nicht etwa nur im frühen Alter. Bricht das Abwehrsystem zusammen, so erfolgen vorzeitiges Altern und Tod. Dafür gibt es drastische Belege bei Tierversuchen: wenn man den Tieren kurz nach der Geburt den Thymus entfernt, so gehen sie einige Wochen danach an der Auszehrungskrankheit ein. Das Wachstum bleibt aus, Gewichtsverlust tritt ein, das Fell wird struppig, in den Körpergeweben sammelt sich Wasser an. Die Widerstandskraft gegen Infekte sinkt schnell. Eine andere Beobachtung aber ist kaum weniger wichtig: Die Widerstandskraft gegen einen durch Virus erzeugten Krebs nimmt ebenfalls rapide ab. Amerikanische Arbeiten ließen bald erkennen, daß das geschwächte Abwehrsystem maßgeblich am Vorgang des biologischen Alterns beteiligt ist. Mit der Schwächung des Thymus läuft einher die Schwächung des Abwehrsystems und die Erhöhung der Infektionsgefährdung. Diese aber sind entscheidend für die Summierung von Gesundheitsschäden, wie sie beim alternden Menschen vorkommen. Ja diese Summierung macht erst das Altern aus. Wenn dem so ist - und es kann kein Zweifel mehr daran bestehen - dann ist der Thymus ein Organ, das gerade im Alter nicht vernachlässigt werden sollte. Dem stimmen die verschiedensten Forscher zu: Manfred von Ardenne kombiniert seine Sauerstofftherapie mit Thymuspräparaten. Ein Mann wie Schettler widmet in seinem Sammelband »Alterskrankheiten« ein knappes Kapitel dem Thymus, das sein Mitarbeiter Rupp bearbeitet und dem der Herausgeber »hohes wissenschaftliches Niveau« bescheinigt. Die Immuntheorie des Alterns stützt sich auf die zelluläre Abwehrschwäche des alternden Thymus mit einer geminderten Abwehr gegen entartete Zellen. Wenn dem Immunsystem und damit dem Thymus ein solcher Stellenwert zukommt, so liegt nahe, zu prüfen, ob nicht Thymusextrakte bösartige Neubildungen beeinflussen können. Eine Heilung des Krebses auf dieser Grundlage konnte zwar noch nicht erreicht werden, immerhin bemerkt ein so streng naturwissenschaftlich ausgerichteter Biochemiker wie Karlsohn, daß es gute Gründe gibt anzunehmen, daß Krebszellen durch den Immunmechanismus ausgeschaltet werden können: »Eine Tumorbekämpfung auf immunologischer Basis erscheint jedenfalls aussichtsreich.«

Zusammenfassung für die Praxis

Was hier noch theoretisch erscheinen mag, es hat doch nach langer Erprobungszeit seine hohe praktische Bedeutung. Wem die Gesundheit nicht nur Gabe sondern auch Aufgabe ist, kommt an der Verwendung des Thymus nicht vorbei. Da der Thymus einerseits für die Überwachung des Zellwachstums zuständig ist, anderseits sich frühzeitig zurückbildet - im 11. Lebensjahr wiegt er noch ca. 30 g, im 30. nur noch 19 g -, so ist der Einsatz des

Thymus (als Spritze, Flüssigkeit oder Dragées) schon bald geboten, besonders wenn die Rückbildung durch durchgemachte Infektionen noch beschleunigt wird.

Nun ist Thymus aber nicht gleich Thymus, wie die Forschung lange weiß. Man hat verschiedene Komponenten isolieren können, die eine verschiedene Funktion und somit einen verschiedenen Anwendungsbereich haben. Man kann das Immunsystem anregen, es aber auch unterdrücken. Für unsere Betrachtung ist wichtig, daß gerade dem alternden Menschen die Faktoren angeboten werden, die besonders das Abwehrniveau erhöhen. Es gibt Auszüge, die im Tierversuch bei alten Mäusen deren Abwehrniveau so erhöhten, daß sie einer Kontrollgruppe von nur 3 Monaten gleichkamen, also in diesem Bereich den Organismus verjüngten. Der Thymus, genauer, seine Extrakte, ist kein Allround-Mittel für die Heilung von beliebigen Erkrankungen, aber im Immunbereich inzwischen ein anerkanntes Vorbeugemittel mit beweisbaren Wirkungen, die der Therapeut zu nutzen wissen wird.

Die Immuntheorie des Alterns beruht auf der zellulären Abwehrschwäche des Thymus. Die Überwachungsfunktion fällt aus.

5 *Wie gesund bin ich?*

In der Organtherapie zusammen mit der Sauerstofftherapie haben wir die Mittel, das innere Milieu des Organismus intakt zu halten, so daß auch das Altwerden nicht mehr zur Last werden muß und man sich gesund fühlt. Auf diesen beiden Säulen stehen sowohl Gesundsein als Gabe wie als Aufgabe. Nun sind die Begriffe Gesundheit – Krankheit aneinandergebunden. Wir sagen mit gutem Recht: Gesundheit ist das Schweigen der Organe. Doerr faßt es so: »Gesund ist man, wenn man von der Funktion der Organe keine Mißempfindung hat. Das ist mehr als eine Binsenweisheit.« Leider muß sie ergänzt werden durch die Erfahrung, daß es auch Krankheiten gibt, die sich nicht durch Mißempfindungen vorher anmelden und die uns sozusagen ohne Vorwarnung überfallen. Sehr oft geht es so: Im organischen Untergrund vollziehen sich Vorgänge, die erst sehr viel später Mißempfindungen auslösen. Man fühlt sich dann wohl, obwohl man nicht ganz gesund ist. Wer weiß schon Bescheid über eine etwa vorhandene Arteriosklerose? Wer kennt wirklich seinen durchschnittlichen Blutdruck? Wem sind seine Blutfette bekannt? Nicht für alles gibt es Signale oder Alarmglocken wie etwa das Fieber.

Wenn wir sagen: Der Mensch ist so alt wie seine Zellen, so ist das zwar richtig; aber die in den Zellen deponierte Gesundheit ist normalerweise nicht meßbar. Erst die Folgen zeigen uns, was los ist. Steigen wir in der Organisationsform des Körpers auf, so stoßen wir auf Schettlers These »Der Mensch ist so jung wie seine Gefäße«. Gefäßkrankheiten aller Art aber erscheinen am häufigsten in den Statistiken. Sie sind letztlich die Folge beschädigter und nicht reparierter Zellen. Damit ist der Zusammenhang mit der Zellehre gegeben.

Der Schadensgrad der Risiken

Man hat inzwischen Kenntnis von den vielen Risiken, die bei der Manifestierung einer Krankheit zusammenwirken, und man hat sich daran gewöhnt, sie nach ihrem Schadensgrad aufzulisten, denn nicht alle sind von gleicher Gefährlichkeit. Um die Schäden aber meßbar zu machen und dann auch bekämpfen zu können, bedurfte es langer und weitgespannter Untersuchungen an großen, aber doch überschaubaren Kollektiven. Erfaßt man nur einen Einzelfall, so besagt das Ergebnis nicht viel, untersucht man große Krankenzahlen, so ist die Gefahr gegeben, daß viele aus dem Gesichtsfeld entschwinden und man von dem weiteren Schicksal nichts mehr erfährt. Die bekannteste Studie - aber doch nur eine unter vielen - hat man in der amerikanischen Kleinstadt Framingham durchgeführt. Hier wurde eine Langzeitstudie durchgeführt mit dem Ziele, die Risikofaktoren zu erfassen, indem später der Gesundheitszustand überprüft wurde. Dabei wurden gefäßgesunde Menschen über Jahre beobachtet, so daß nach Jahren mit größerer Sicherheit als bei Einzelpersonen die Risikofaktoren für bestimmte Leiden erfaßt werden konnten, wie etwa das Zigarettenrauchen, erhöhte Blutfette, erhöhter Blutdruck usw. Man wollte besonders herausfinden, wie sich diese Dinge bei der Ausbildung einer späteren Arteriosklerose auswirken. Tatsächlich ist es gelungen, auf dieser Basis die Entstehung einer Arteriosklerose als Auswirkung verschiedener schädlicher Faktoren - eben *Risikofaktoren* - zu deuten. Dabei handelt es sich um eine Studie von höchster *praktischer* Bedeutung; denn es sollten ja nicht Ursache und Wirkung akademisch dargestellt werden, sondern es sollte zunächst die frühzeitige Beeinflußbarkeit der späteren Leiden untersucht werden. Die Fragestellung war: was muß ich unterlassen, damit sich ein bestimmtes Leiden mit ziemlicher Wahrscheinlichkeit später *nicht* einstellt? Die Studie ist dabei gezielt vorbeugend und pädagogisch. Erstrebt wird eine Verhütung der späteren Wahrscheinlichkeit, an einer Gefäßerkrankung zu erkranken durch Auslassen der gefundenen Risikofaktoren. Von diesen gibt es viele, aber nicht alle sind gleich gefährlich, weshalb man sie in zwei Gruppen aufteilt, wie die Tabelle aufweist:

RISIKOFAKTOREN *ERSTER* ORDNUNG
(besonders schwerwiegend)

1. Zigarettenrauchen
2. Bluthochdruck
3. erhöhte Blutfette
4. erhöhter Blutzucker

RISIKOFAKTOREN *ZWEITER* ORDNUNG
(weniger gewichtig)

1. starkes Übergewicht
2. Bewegungsmangel
3. Streß

Oft haben wir es mit einer Bündelung der Risikofaktoren zu tun, wobei das Gesamtrisiko, an Arteriosklerose zu erkranken, sich nicht bloß addiert, sondern potenziert. Wenn wir uns fragen, wie gesund wir sind, so genügt es zunächst, daß wir bestimmen, welche Risikofaktoren bei uns vorliegen. Wir gehen sie daher kurz durch.

1. Die Faszination des blauen Qualms

Daß das Zigarettenrauchen einen bedeutenden Risikofaktor darstellt, ist inzwischen längst erhärtet. Es fördert sowohl arteriosklerotische Erscheinungen wie auch den Lungenkrebs, so daß man von einem Nichtraucher sagen kann, daß er einen Gesundheitsbonus hat. Der Nikotingehalt spielt für die Schädigung der Gefäße eine Rolle, ist vielleicht auch der erste Schrittmacher in Richtung Arteriosklerose. Der im Tabak enthaltene Teer begünstigt die Entwicklung von Lungenkrebs. Allerdings gibt es hier – wie meistens – offene Fragen; denn es gibt Bevölkerungsgruppen, die trotz starken Zigarettenkonsums verhältnismäßig selten an Infarkten erkranken. Daraus schließen wir, daß ein uns noch unbekannter Faktor zusätzlich beteiligt sein muß. Das Rauchrisiko hat jeder selbst in der Hand. So sollte man meinen, das Zigarettenrauchen sei ausgestorben. Davon ist nichts zu merken. Offenbar reichen Einsicht und Wille nicht aus, das Zigarettenrauchen einzustellen, weshalb man heute viele Mittel ersonnen hat, die auch dem leidenschaftlichsten Raucher das Rauchen verleiden. Neben vielen vernünftigen Methoden wird in England die brutalste Methode durchgeführt, wenn der Zigarettensüchtige es will: er muß eine übergroße Menge Zigaretten rauchen, so daß sich akut schwerwiegende Folgen einstellen (Kollaps usw.) und diese erlebten Folgen ihm das Rauchen verleiden.

2. Bluthochdruck – und was nicht im Baedeker steht

München ist ohne Zweifel eine der sehenswürdigsten Städte der Welt und wird als solche auch vom Baedeker gewürdigt. Was er uns vorenthält, ist die Tatsache, daß München die größte Ärztedichte der Welt hat, d. h. daß hier die ärztliche Versorgung mehr als gesichert ist. Als man aber 1981 die Basisdaten einer Blutdruckstudie der Stadt veröffentlichte, war mancher verblüfft. Es zeigte sich nämlich, daß nur bei 22 % der männlichen und bei 42 % der weiblichen Bevölkerung der Blutdruck normal oder im Grenzwertbereich war. In allen anderen Fällen war der Blutdruck überhöht. Anders gesagt: der hohe Blutdruck wird vom Kranken in den meisten Fällen gar nicht wahrgenommen (es gibt keine Mißempfindung) oder nicht behandelt. Das Fehlen von Warnzeichen macht die Sache so gefährlich.

Aber wie erkennt man den erhöhten Blutdruck?

Wir geben eine kurze Beschreibung dessen, was sich im Blutkreislauf ereignet: Das Blut fließt in einem Röhrensystem des Körpers, das aus Arterien und kleineren Gefäßen besteht. Dabei erfolgt ein Stoffaustausch zwischen dem kreisenden Blut. Das Organ, das diesen Kreislauf in Gang hält, ist eine Pumpe: das Herz. Ist der Blutdruck erhöht, so heißt das eine erhöhte Belastung des Röhrensystems. Es gibt Menschen, die das wahrnehmen, sie beschreiben dann primitiv, aber nicht unrichtig, ihr Empfinden so: Herr Doktor, ich habe zu viel Dampf auf dem Kessel. Aber um das beurteilen zu können, muß man schon mit einem der vielen Blutdruckgeräte messen, die auf dem Markt sind. Dabei geht die allgemeine Empfehlung längst dahin, daß man diese Messung dem Patienten selbst überlassen sollte. Das Gerät wird auch von den Kassen und Beihilfestellen als beihilfefähig anerkannt. Die Anwendung ist denkbar einfach und erspart dem Patienten manchen Weg zum Arzt, besonders, wenn häufige Kontrollmessungen erforderlich sein sollten. Das Prinzip ist einfach: durch eine aufpumpbare Manschette wird der Oberarm abgeschnürt. Beim langsamen Ablassen der Luft tritt an einem bestimmten Punkt ein strömendes Geräusch auf, das ein optisches oder akustisches Signal auslöst. In diesem Augenblick wird auf einer Skala der erste Blutdruckwert abgelesen. Das ist der obere (systolische) Wert. Indem wir weiter Luft aus der Manschette entweichen lassen, erreichen wir dann einen zweiten Punkt, wo das strömende Geräusch verstummt. Hier lesen wir wieder ab und haben damit den unteren (diastolischen) Wert. Zweckmäßig mißt man im Sitzen, um stets vergleichbare Werte zu haben.

Was besagen die beiden Werte?

Der obere Wert entsteht, wenn sich der Herzmuskel zusammenzieht und das Blut in die Blutgefäße drückt, der untere, wenn sich das Herz nach dem Pumpschlag erweitert und sich für den nächsten Schlag füllt. *Beide* Werte, die wir so finden, sind wichtig für die Beurteilung eines Risikos. Allerdings ist der Blutdruck ständig variabel und sowohl von physischen wie psychischen Gegebenheiten abhängig. Insofern besagt eine einmalige Messung nicht viel. Wie sehr der Blutdruck von *psychischen* Gegebenheiten abhängig ist, zeigt die Tatsache, daß ein einfacher Arztbesuch schon in aller Regel zu einem vorübergehenden Blutdruckanstieg führt. Man hat dafür das Wort vom Ärztekittelbluthochdruck. Daher sind punktuelle, vom Arzt in der Praxis gemessene Werte, wenn sie nicht extrem sind, wenig aussagekräftig. Bei einem milden Hochdruck sind die selbstermittelten und über einen gewissen Zeitraum registrierten Werte wichtiger. Die Selbstmessung – wenn sie zuverlässig durchgeführt wird – ist zuverlässiger als die Bestimmung durch den Arzt.

Aber auch sonst schwanken die Blutdruckwerte tageszeitlich. Sie haben ihre Tiefstwerte in den Nachtstunden (1–5 Uhr) und ihre Höchstwerte am Spätnachmittag, was sich aus der beigefüg-

Blutdruckprofil im Tagesverlauf

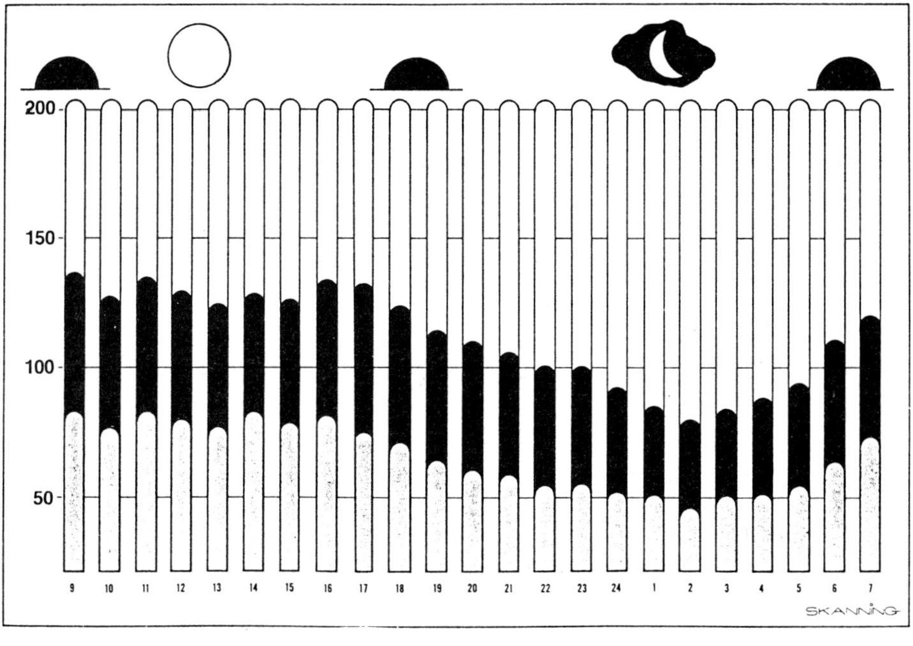

ten Tabelle ablesen läßt. Schwarz sind dabei die oberen Werte, grau (darunter) die unteren Werte. Da man regelmäßig zwei Werte mißt, gibt man sie gewöhnlich noch immer in der mm-Größe des Druckes an, etwa 140/90. Das bedeutet, daß der obere Blutdruck 140 mm beträgt, der untere 90 mm.

Welches sind nun die Normalwerte?

Die Weltgesundheitsorganisation hat eine Norm festgelegt, wonach der obere (systolische) Druck bis zu 140 mm, der untere (diastolische) bis zu 90 mm betragen darf, kurz in Zahlen: 140/90. Darüber hat man noch einen Grenzwert festgelegt, der zwar nicht unbedingt krankhaft, aber verdächtig ist. Er reicht bis 160 mm bzw. 95 mm. Was darüber ist, ist eindeutig Hochdruck, auch wenn die Erhöhung nur für *einen* der beiden Werte gelten sollte. Wir müssen wissen - durch Selbstmessung -, welcher Druck regelmäßig auf unseren Gefäßen ruht, um bei einer Erhöhung entgegensteuern zu können. Auf einer Tagung in Heidelberg wurde 1986 noch einmal festgestellt, daß noch vor 2 Jahrzehnten die Behandlung des Hochdrucks nur auf schwere Fälle beschränkt war. Entweder kannte man die Spätschäden noch nicht so gut wie heute, oder aber die angewandten Mittel hatten zu starke unerwünschte Nebenwirkungen. Die moderne Hochdruckbehandlung will schon leichte Formen behandeln, ohne dabei die Lebensqualität herabzusetzen. Der Patient sollte sich auch unter der Behandlung nicht schlechter fühlen als vorher.

Was ist bei erhöhtem Blutdruck zu tun?

Zunächst wird man das Kochsalz in Küche und Nahrung reduzieren, noch ehe man Medikamente anwendet. Es gibt eine Menge

Ersatzstoffe, die das Essen trotzdem nicht fade werden lassen. Die alte Faustregel, der Blutdruck dürfe so hoch sein wie das Lebensalter + 100, also bei 70 Lebensjahren 170 mm, sollte man schnell vergessen. Ob schon bei Werten im Grenzwertbereich eine Behandlung erfolgen sollte, muß der Therapeut entscheiden. Sinnvoll erscheint der Einsatz von Medikamenten in diesem Bereich, wenn ein weiterer Risikofaktor *gleichzeitig* vorliegt.

Die Behandlungsmöglichkeit eines erhöhten Blutdrucks ist heute nicht schlecht. So kann man etwa einen schwankenden Hochdruck um 175/95 mit Kopfschmerzen, Schlaflosigkeit und Depressionen auf 135/80 stabilisieren und das allgemeine Befinden verbessern. Aber ehe der Blutdruck behandelt wird, muß er entdeckt werden, am besten durch Selbstmessung zu derselben Uhrzeit. Einige sehr allgemeine Grundregeln für die Behandlung des Bluthochdrucks seien hier zusammengestellt:

1. regelmäßige Aufzeichnung der Blutdruckwerte, bei erhöhten Werten zweimal täglich
2. Übergewichtigkeit bekämpfen
3. Rauchen völlig einstellen
4. Bewegungsmangel vermeiden
5. für ausreichenden Schlaf und für Entspannung sorgen
6. Kochsalzzufuhr einschränken bis auf 3–5 g täglich

Wie ernst die Schäden sind, die der Bluthochdruck auf die Dauer am Herzen und am Hirn anrichtet, ist durch die Statistiken der Lebensversicherungen belegt. Ein 45jähriger Mann mit einem Blutdruck von 150/100 hat eine um 11 Jahre verkürzte Lebenserwartung im Vergleiche zu einem Menschen mit normalem Blutdruck. Weil der erhöhte Blutdruck weitgehend symptomlos ist, muß er durch Selbstkontrolle aufgespürt werden. Sonst übersehen wir leicht den leisen Beginn späterer chronischer Krankheiten. Wiederum: Gesundheit als Gabe und Aufgabe. Dabei ist die Aufgabe so leicht zu lösen.

Blutfette und Arteriosklerose

Der erhöhte Blutdruck ist auch für die Entstehung einer Arteriosklerose mit all ihren schlimmen Folgen mitverantwortlich. Wie läuft der Vorgang ab? Unsere Abbildung zeigt links eine gesunde Arterie, aus mehreren Gefäßwänden bestehend, aber völlig durchlässig. In der Mitte sehen wir bereits, daß der Durchströmungsraum verengt ist durch verschiedene Ablagerungen. Volkstümlich spricht man von Verkalkung. Das rechte Bild zeigt eine Arterie mit einem verklumpten Blutgerinsel, das die Arterie völlig blockiert. Es handelt sich dabei um eine Anhäufung von Fett und Cholesterin. Auch können sich Kalkablagerungen bilden, die aus der einmal offenen durchgängigen Arterie eine steife, verengte Röhre machen.

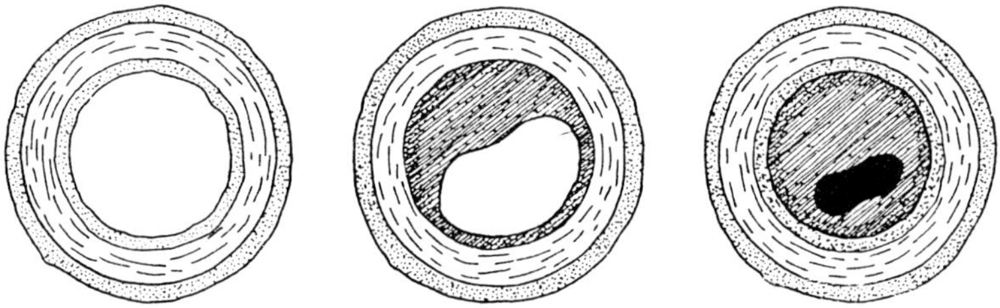

Fortschreitende Verengung der Blutgefäße durch Ablagerungen

Was das Blut angeht, so ist klar, daß es mit größerer Kraft durch eine enge Röhre als durch eine weitere gepumpt werden muß. Soweit die Zusammenhänge mit dem Bluthochdruck. Wie aber sieht es mit den Blut*fetten* aus? Wie kommen überhaupt Fette ins Blut? Fette nehmen wir mit der täglichen Nahrung auf. Teilweise werden sie über verschiedene Körperorgane dem Blut zugeleitet, wo sie im wäßrigen Milieu transportiert werden. Das ist sehr vereinfachend gesagt; denn da Fette nicht wasserlöslich sind, ist Voraussetzung für einen Transport, daß sie vorher eine Bindung mit Eiweiß eingehen. Diese Fett-Eiweiß-Stoffe sind für den Körper

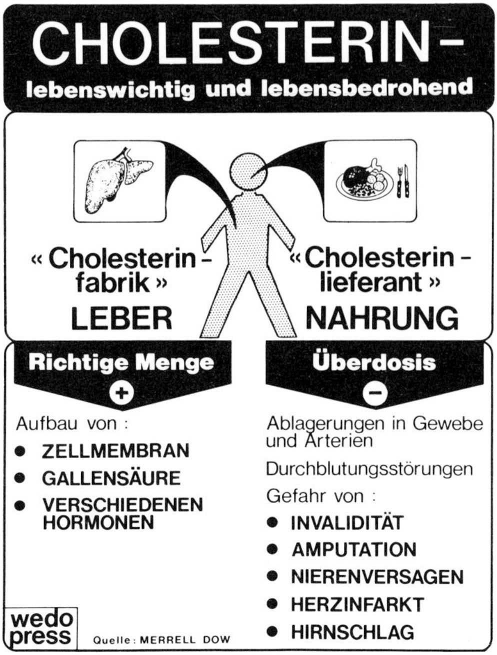

Nutzen und Gefahren des Cholesterins

notwendig, bilden aber auch erhebliche Risiken und begünstigen die Arteriosklerose, wenn sie ein gewisses Maß überschreiten. Das gilt besonders für das Cholesterin, das ein entscheidender Schrittmacher für die Volksseuche Arteriosklerose ist. Die Abbildung zeigt, wie das notwendige Cholesterin in der Leber hergestellt wird und welche wichtigen Aufgaben es erfüllt, zeigt aber rechts auch, wie das von der Nahrung gelieferte Cholesterin im Übermaß zu schwersten Gesundheitsschäden und zum Tode führen kann.

Wie das Blutfett Cholesterin in die einzelnen Körperzellen gelangt, ist erst 1985 von zwei Forschern aufgeklärt worden, die für ihre Arbeiten den Nobelpreis erhielten. Lange war es nämlich unklar, wie eine Zelle das Cholesterin, das im Blut an ihr vorbeiströmt, überhaupt aufnimmt. Heute weiß man, daß auf der Oberfläche der Zellen gewisse Empfangsvorrichtungen (Rezeptoren)

Arteriosklerose und ihre möglichen Folgen

liegen, die das Cholesterin im vorbeifließenden Blut erkennen und es herausfischen. In welchem Maße das geschieht, bestimmt den Umfang der späteren arteriosklerotischen Schäden, die auf der obigen Zeichnung dargestellt sind.

Wie gesund bin ich in bezug auf meine Blutfette? Diese Frage, die der Leser sich nun stellen mag, läßt sich nicht so einfach beantworten wie die Frage nach dem Blutdruck, da man sie nur nach Blutentnahme mit Hilfe eines Laboratoriums beantworten kann. Noch schwieriger wird die Antwort, weil man inzwischen eine Reihe von Blutfetten entdeckt hat, die von höchst unterschiedlicher Bedeutung für die Gesundheit sind. Vor allem interessant sind dabei zwei Bestandteile mit gegensätzlicher Wirkung: Da ist zunächst ein Cholesterinbestandteil von größerer Dichte, abgekürzt = HDL (nach dem Engl. *H*igh *D*ensity *L*ipoprotein). Davon weiß man jetzt, *daß es den Einstrom von Cholesterin in die*

Zelle bremst. Demgemäß gilt es geradezu als *Schutzfaktor* für das Herz. Diesen Einzelfaktor muß man also *positiv* in die Berechnung einbeziehen. Anderseits gibt es ein Cholesterin von *niedriger* Dichte, abgekürzt = LDL = (*L*ow *D*ensity *L*ipoprotein), das mit Vorliebe in die Zelle dringt und gefährlich ist.

Mit dem Gesamt-Cholesterin, dem HDL und LDL erfaßt man entscheidende Risikofaktoren, die am Entstehen von Herz- und Kreislauferkrankungen sowie von Infarkten erheblich beteiligt sind, wobei ein hoher HDL-Gehalt einen Schutz darstellt. Nach dem Abschluß einer neueren Studie läßt sich sagen, daß mit jedem Prozent LDL, das wir senken, die Infarktrate um 2 % sinkt. Daß Männer vom Infarkt häufiger betroffen werden als Frauen, mag daran liegen, daß Männer einen niedrigeren HDL-Schutzwert haben. Die Höhe des Gesamtcholesterins vermittelt also noch nicht das ganze Bild des Risikos. Wir müssen vielmehr das »gute« Cholesterin (HDL) vom gefährlichen trennen. Nebenbei hat sich gezeigt, daß mäßiger Alkoholgenuß (bis 35 g Alkohol täglich, etwa ½ bis 1 Flasche Wein), je nach Alkoholgehalt das gute Cholesterin anhebt, also ein Schutzfaktor ist. Die ursprüngliche Vermutung, daß sich diese Schutzwirkung auf Wein beschränkt, hat sich nicht bestätigt. Aber auch hier ist es die Menge, die entscheidet. Eine Übermenge fördert Hochdruck und setzt anderweitig Schäden. So darf Alkohol also nicht als Mittel zur Senkung der Blutfette empfohlen werden. Nur kann man vom gesundheitlichen Standpunkt nichts gegen einen maßvollen Alkoholgenuß vorbringen.

In der Bundesrepublik und in einigen westlichen Industrienationen steht der Herzinfarkt an der Spitze der Todesursachen. Angesichts dieser Tatsache ist die Bestimmung der Cholesterinanteile des Blutes von großer Bedeutung. Hier liegt ein Frühwarnsystem vor. Der Cholesterinspiegel zeigt den gestörten Fettstoffwechsel an. Hinzu kommen noch andere Fette (Neutralfette), die z. T. aus der Nahrung stammen, z. T. in der Leber erzeugt werden. Auch sie stellen Risikofaktoren dar. Sofern sie aus dem Fettreichtum der Nahrung stammen, kann man sie durch einfaches Fasten senken. Körperliche Aktivität hat i. allg. die gleiche Wirkung für Neutralfette; ob sie auch den Cholesterinspiegel senkt, ist noch unsicher. Für Zuckerkranke, die in aller Regel einen erhöhten Spiegel an Neutralfetten haben, ist wichtig: Körperliche Tätigkeit bewirkt beim Zuckerkranken durch Senkung der Neutralfette eine bessere Stoffwechsellage.

Was ist bei erhöhten Blutfetten zu tun?

Am Anfang steht die Diät. Der Verzehr von Nahrungsfett sollte auf 30–35 % der Gesamtkalorien beschränkt werden. Besonders tierisches Fett ist reich an Cholesterin, alle vegetarischen Lebensmittel sind frei davon, enthalten allerdings Neutralfette. Daraus ergibt sich als Forderung: Einschränkung der tierischen Nahrungsfette. Denn die aus den Stoffwechselstörungen erwachsenden arteriosklerotischen Erkrankungen sind nicht nur für den Erkrankten folgenschwer: sie enthalten auch sozialmedizinische und volkswirtschaftliche Probleme. Daher haben wir die Laboratoriumswerte zu beachten. Welche sind normal, welche sind verdächtig, welche sind eindeutig krankhaft?

A. Die Werte sind normal, wenn das Gesamtcholesterin unter 220 mg % liegt und wenn die Neutralfette unter 150 mg % liegen
B. sie sind verdächtig, wenn das Gesamtcholesterin zwischen 220 und 240 mg % liegt und die Neutralfette zwischen 150 und 200 mg % liegen
C. sie sind überhöht, wenn das Gesamtcholesterin dauerhaft über 260 mg % und die Neutralfette über 200 mg % liegen

Was ist bei überhöhten Werten zu tun?

Zunächst ist durch *Diät* eine Normalisierung zu erstreben. Nahrung, die sehr cholesterinreich ist, ist zu vermeiden. Das gilt für Hirn und Eigelb, da hier schon bei sehr geringen Mengen der obere Grenzwert von 300 mg Cholesterin täglich erreicht wird. Einige Beispiele, die den Eßplan steuern können:

1. *hohe Cholesterinwerte*: in 100 g eßbarer Menge

Hirn	3 146 mg Cholesterin!
Eigelb	1 400 mg Cholesterin
Nieren	350 mg Cholesterin
Butter	280 mg Cholesterin

2. *mittlere Werte:*

Wild	110 mg Cholesteringehalt
Käse 60 % Fett	115 mg Cholesteringehalt
Teigwaren	118 mg Cholesteringehalt

3. *niedrige Werte:*

Huhn	75 mg Cholesteringehalt
Schweinefleisch mager	90 mg Cholesteringehalt
Rotbarsch	70 mg Cholesteringehalt
Hering	80 mg Cholesteringehalt
Vollmilch	11 mg Cholesteringehalt
Margarine	0 mg Cholesteringehalt

Ganz allgemein sollte man pflanzlichen Fetten Vorrang vor den tierischen geben.

Wie wichtig die Überwachung der Risikofaktoren für das Herz ist, kann folgende Tabelle zeigen:

Rauchen (bes. Zigarettenrauchen) bedeutet	2faches Risiko
Rauchen + erhöhte Blutfette bedeutet	4faches Risiko
Rauchen + erhöhte Blutfette + Hochdruck bedeutet	16faches Risiko

Erhöhter Blutzucker (Diabetes mellitus) als Risiko

Das letzte der in der Liste der Risikofaktoren erster Ordnung aufgeführte Leiden ist der erhöhte Blutzucker. Auch der Zuckergehalt des Blutes ist wie das Cholesterin ein Problem der Quantität. Ein zu niedriger Blutzucker ist ebenso bedrohlich wie ein zu hoher. Namentlich kann der erhöhte Blutzucker zu erheblichen Gesundheitsschäden führen: Nierenschäden, Erblindung, Absterben von Gliedmaßen usw.

Ausgangspunkt des ganzen Geschehens ist die Bauchspeicheldrüse. Darin befindet sich eine Hormonfabrik, die das Hormon Insulin herstellt. Es fördert den Zuckerstoffwechsel der Zellen und senkt dadurch den Blutzuckerspiegel. Bei der Zuckerkrankheit wird aber i. allg. zu wenig Insulin gebildet, so daß der Blutzuckerspiegel zu hoch ist. Hat er eine bestimmte Höhe erreicht, so wird Zucker im Urin ausgeschieden, wo man ihn mit den bekannten Teststreifen nachweisen kann.

Exakte Bestimmungen des Blutzuckers können allerdings nur aus dem Blut selbst vorgenommen werden. Funktioniert der Zuckerstoffwechsel der Zellen nicht richtig, so gibt es theoretisch zwei Möglichkeiten, den Zuckerhaushalt zu regulieren: entweder man führt dem Körper das fehlende Insulin mit der Spritze zu – man kann es seit 1921 herstellen – oder man regt die Zellen der Bauchspeicheldrüse, die das Insulin produzieren, zu erhöhter Tätigkeit an. Das ist aber keine Alternativlösung, die man zur Wahl hat. Es ist nämlich einsichtig, daß Zellen, die völlig funktionslos geworden sind, für die Insulinproduktion ausfallen und auch nicht durch Tabletten angeregt werden können. Hier gibt es nur eins: den Ersatz des fehlenden Insulins durch die Spritze. Insofern sind die Behandlungsweisen schon durch die Art der Stoffwechselstörung vorgezeichnet. Und so unterscheiden wir einen vorwiegend in der Jugend schon auftretenden Insulinmangeldiabetes und einen mit Tabletten zu behandelnden Erwachsenendiabetes. Beim Erwachsenen geht man dabei von der Überlegung aus, daß die für die Produktion des Insulins maßgebenden Zellen noch nicht ganz in ihrer Funktion erloschen sind und nur der Anregung bedürfen.

Die Spätfolgen einer Störung des Zuckerhaushalts sind besonders gefürchtet. In einer dänischen Studie wurde bei einer Verlaufsbeobachtung bei Beginn des Diabetes im jugendlichen Alter festgestellt, daß nach 40 Krankheitsjahren zu 30 % eine Erblindung oder schwere Sehstörung eintrat. Die Krankheit, die der Augenarzt durch Untersuchung des Augenhintergrundes feststellt, befällt aber auch andere Organe, namentlich die Niere. Aber auch Herzinfarkte sind bei Diabetikern häufiger als bei Nichtdiabetikern. Besonders dramatisch entwickeln sich Ernährungsstörungen der Zellen an den Füßen, wo schon geringfügige Verletzungen zu einem fressenden Geschwür führen können. Durch die Verengung der Fußarterien neigen die Zehen zum Absterben. Das Gewebe sieht dabei schwärzlich aus, wie verbrannt, daher die Bezeichnung »Brand«. Bei fortschreitender Erkrankung muß mehr oder weniger hohe Absetzung (Amputation) erfolgen. Das sind nur einige der Spätfolgen des Diabetes, die in der zweiten Lebenshälfte zur Invalidität führen können. Aus einem bestimmten Grunde können sie gar nicht drastisch genug dargestellt werden: Seit es die Möglichkeit gibt, den Erwachsenendiabetes mit Tabletten zu behandeln, ist eine gewisse Leichtfertigkeit im Umgang mit dieser Krankheit eingetreten: Man vernachlässigt nämlich die unbedingt geforderte Diät und beruhigt sich mit dem Gedanken, sich doch einmal eine halbe Tafel Schokolade leisten zu können, in dem Glauben, eine zusätzliche Tablette würde den möglichen Schaden schon abfangen, sozusagen neutralisieren. Man könne es sich also leisten, schon mal ein wenig zu »sündigen«. Dieses verharmlosende Wort sollte aus dem Wortschatz des Kranken völlig verschwinden, da es der Ernsthaftigkeit der Situation nicht angemessen ist.

Wie sollten Patient und Therapeut bei Diabetes miteinander arbeiten?

Gerade bei der Zuckerkrankheit ist der Therapeut auf die Mitarbeit und Intelligenz des Kranken angewiesen. Der Kranke sollte eine Information erhalten, die weitreichend ist und sein Tun namentlich im diätetischen Bereich ausreichend motiviert. Beim Erwachsenendiabetes gilt es u. a. auch, den Patienten zur evtl. *Reduktion des Körpergewichts* zu veranlassen. Schon dadurch kann es manchmal gelingen, die Insulinaufnahmestellen am Fettgewebe zu aktivieren, so daß unter Umständen aus einem manifesten Diabetiker ein latenter wird.

Wie gesund bin ich? Wie kann ich als Zuckerkranker mit einiger Wahrscheinlichkeit diabetische Spätschäden vermeiden?

Die erste Feststellung ist deprimierender Art: Diabetes kann noch nicht geheilt werden. Die zweite ist positiv: Er kann mit Erfolg behandelt werden. Dazu gehört, daß der Kranke über seine Krankheit Bescheid wissen muß, aber auch alles tun muß, was seiner Gesundheit dient. Seit 1921 (Entdeckung des Insulins) ist es möglich, Diabetiker mit Insulinspritzen zu behandeln. Seit 1955 ist es möglich, ältere Diabetiker mit Tabletten zu behandeln. Heute stirbt nur noch 1% der Diabetiker im diabetischen Koma (= Zustand tiefer Bewußtlosigkeit). Das heißt, daß Diabetes mit Erfolg behandelt werden kann. Der Diabetesforscher Mehnert faßt das Geschehen des Diabetes verständlich zusammen; er fragt zunächst, welchen Weg die Nahrung in unserem Körper nimmt:

1. Auf dem Weg vom Mund zum Magen wird sie zerkleinert und zum Teil schon verdaut.

2. Im Darm wird die Nahrung weiter abgebaut und geht ins Blut über.
3. Durch das Blut werden die kleinsten Nahrungsteilchen in alle Teile des Körpers transportiert, wo die Nährstoffe benötigt und für die Bedürfnisse des Körpers ausgewertet werden.
4. Die Nährstoffe erreichen über Mund-Magen-Darm-Blutbahn alle Teile des Körpers. *Am schnellsten legt diesen Weg in unserem Körper reiner Zucker zurück.*
5. Zucker liefert Energie und wird darum z. B. von den Muskeln bevorzugt.
6. Reiner Zucker legt den Weg durch unseren Körper am schnellsten und für den Diabetiker *zu schnell* zurück.
7. Zucker wird nicht nur in reiner Form zugeführt, sondern auch durch stärkehaltige Nahrungsmittel wie Brot, Kartoffeln usw.
8. Zucker liefert damit Energie. Deshalb benötigen wir eine gewisse Menge davon.
9. Das Insulin reguliert den Bedarf und damit den *Blutzuckerspiegel.* Ist zu wenig Zucker vorhanden, beginnt ein gefährliches Chaos, das bis zur Bewußtlosigkeit führt.
10. Der normale Blutzuckerspiegel beträgt vor einer Nahrungsaufnahme 80 mg %. Wird dem Körper nun Zucker zugeführt, steigt er auf höhere Werte, bis auf ca. 160 mg %. Beim Diabetiker liegen die Werte wesentlich höher, bei 300 mg % und höher.
11. Bei Blutzuckerwerten über 160–180 mg % tritt gewöhnlich Zucker im Harn auf und läßt sich mit den üblichen Teststreifen nachweisen.

Das ist oft der erste Nachweis. Hinzu kommen meist folgende Faktoren: Vermehrung der Harnmenge bis auf 4–5 Liter täglich. Nachlassen der körperlichen Leistungsfähigkeit, starkes Durstgefühl und unerklärliche Stimmungsschwankungen. Das sind die wichtigsten Anzeichen der Zuckerkrankheit. Sie müssen aber nicht überall auftreten.

Was kann ich tun?

Nicht jeder Patient kann gleich behandelt werden:

1. Bei Diabetes leichten Grades genügt die Behandlung mit *Diät*. Diät ist auf jeden Fall die erste Säule.
2. Bei mittelschwerem Diabetes verschreibt der Therapeut zusätzlich Tabletten.
3. Bei schwerem Diabetes sind Insulinspritzen nötig.

Auf keinen Fall kann auf die Diät verzichtet werden. Durch die Diät soll schon angestrebt werden, daß möglichst wenig oder kein Zucker mehr im Harn auftritt. Daraus ergibt sich ein striktes Verbot gewisser Nahrungsmittel: Der Diabetiker darf weder Kochzucker noch Malzzucker noch Traubenzucker zu sich nehmen. Verboten sind also: Kuchen, Torten, Gebäck, Bonbons, Pralinen, Honig, Datteln, Weintrauben usw., aber auch süße Weine, normales Bier, Likör, Sekt.

Verteilung der Nahrungsmittelmengen

Nicht so:

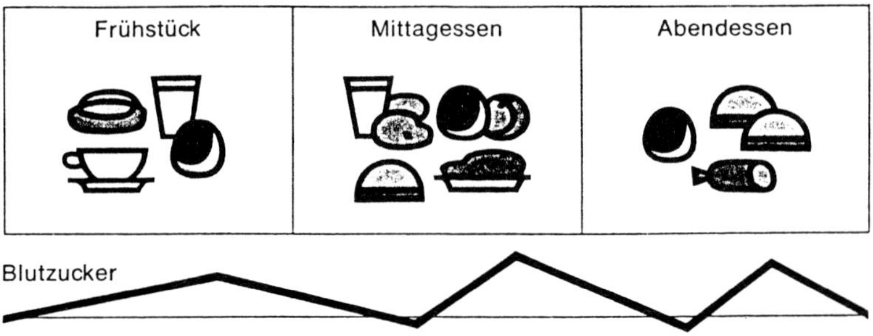

Sondern so:

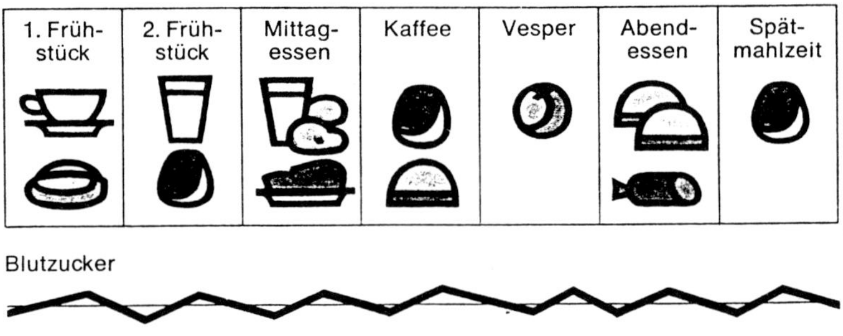

Ganz allgemein sollte die Nahrung *auf viele kleine Portionen verteilt werden.* Kleine Zwischenmahlzeiten können schon aus einer Scheibe Brot oder aus einem Apfel bestehen. Der Körper braucht Bewegung. Je mehr Bewegung, desto mehr wird in den Muskeln an Zucker verbrannt. Der Zucker wird besser verwertet, die Medikamente können vorsichtig herabgesetzt werden.

Was bedeutet das für die Nahrung?

Wir haben drei große Nährstoffgruppen: *Kohlehydrate, Eiweiß, Fett.* Kohlehydrate liefern am schnellsten Energie: Davon ist allerdings Zucker für den Diabetiker verboten. Aber auch Obst, Gemüse, Kartoffeln, Reis und Nudeln enthalten Kohlehydrate, sind aber nicht verboten, jedenfalls nicht in mäßigen Mengen.

Zu den Eiweißprodukten gehört nicht nur das »Weiße im Ei«, sondern auch Fleisch, Fisch und pflanzliches Eiweiß. *Die Diabetes-Diät soll im allgemeinen reichlich Kohlehydrate* und *reichlich Eiweiß enthalten.* Das Fett sollte mäßig zugeführt werden. Fett ist ja auch in Fleisch- und Wurstwaren sowie sogar in Milch enthalten. Vielerlei Fett ist verborgen, also nicht nur an Butter, Schmalz, Speck und Öl denken, sondern auch an Wurstwaren.

Mehnert betont: »Die Diabetes-Diät soll zwar verhältnismäßig reichlich Kohlehydrate und Eiweiß enthalten, dagegen wenig Fett. Der Diabetiker muß die Zufuhr der Nahrungsmittel einschränken und berechnen. Kein Stoßangebot an Nahrungsmitteln!« Es gibt zwei Schwierigkeiten in der Diätführung des Zukkerkranken: 1. Der Zuckerkranke hat stärker als der Stoffwechselgesunde einen starken Hang zu Süßigkeiten; Ursache unbekannt. 2. Das Einhalten einer fettarmen Kost gehört zum Schwierigsten, da der Fettgehalt nur gering sein darf und weiterhin sich auf verschiedene Fettarten verteilt: auf Streichfett, auf Kochfett und auf das sog. versteckte Fett. Demgemäß sollte man bei Fleisch darauf achten, daß es mager ist und bei der Zubereitung fettarme Zubereitung begünstigt. Weniger Backen und Braten als Kochen, Dämpfen, Grillen. Die Waage sollte den Erfolg der Diät bestätigen. Zum Süßen von Nahrungsmitteln bietet sich besonders der Fruchtzucker an: wohlschmeckend und wie gewöhnlicher Zucker zu verwenden.

Wann kontrolliere ich meinen Zucker?

Da der höchste Blutzucker morgens nach dem ersten Frühstück auftritt, ist auch mit dem Auftritt von Zucker im Urin am ehesten vormittags zu rechnen. Am zweithäufigsten wird Harnzucker nach dem Abendessen gefunden, so daß sich dann eine zweite Testung mit dem Teststreifen empfiehlt. Damit ist der Teststreifen ein wichtiges Mittel der Selbstkontrolle. Er zeigt durch den Grad der Verfärbung in etwa die Höhe des Blutzuckers an. Der Harnzucker ist nicht identisch mit dem Blutzucker, da er erst auftritt, wenn der Blutzucker ein gewisses Niveau überschreitet und in den Harn eindringt. Aber auch den Blutzucker kann man selbst messen, seit es Geräte gibt, die handlich sind und exakte Aussagen geben. Voraussetzung ist nur, daß man den Mut hat zum winzigen Einstich in die Fingerkuppe.

Gibt es auch Unterzuckerungen?

Alle, die auf Spritze oder Tabletten eingestellt sind, müssen wissen, daß der Zucker auch *unter* die gesunde Norm fallen kann. Bei etwa 50 mg/dl haben wir es mit Unterzuckerung zu tun, die natürlich mit keinem Teststreifen nachweisbar ist, aber erhebliche klinische Symptome erzeugt: Schweißausbrüche, Herzklopfen, Zittern, aber auch Heißhunger. Hier muß sofort der rettende und sonst streng verbotene Zucker zur Hand sein, am besten als handlicher Würfelzucker. Eine erhebliche Unterzuckerung kann nämlich schwere Folgen haben. Ein Beispiel gibt der Diabetesforscher Berger: »Ein geistig sehr differenzierter Ingenieur entfernte sich in einem durch Unterzuckerung ausgelösten Dämmerzustand unvermittelt aus einer Sitzung, ohne sich entsprechend zu entschuldigen, und fuhr mit dem Auto zum Bahnhof; parkte das Auto an einer verbotenen Stelle, begab sich auf die Gleise des Bahnhofs und irrte dort umher. Er wurde dann von der Polizei unter dem Verdacht eines Alkoholrausches auf die Notfallstation gebracht«.

Typisch für nächtliche Unterzuckerungen sind allgemeine Mattigkeit und Kopfschmerz beim Erwachen. Aber auch Überzuckerung erzeugt ein typisches Verhaltensmuster: Die sonst umgänglichen Kranken sind überempfindlich und werden in ihrem Ton leicht aggressiv, oft zusätzlich depressiv. Es ist offenbar recht schwierig, den Blutzucker in seiner normalen Schwankungsbreite zu halten. Der geschulte Kranke hat allerdings meist ein feines Gefühl dafür, wann die Norm nach oben oder unten durchbrochen wird und weiß das auch zu beurteilen. Die dauerhafte optimale Einstellung des Zuckers erfordert die Mitarbeit des Patienten.

Es gibt noch einen Grund, warum der Blutzucker nicht allzusehr gesenkt werden darf: Zucker ist ein wichtiger Nährstoff für das Hirn. Eher kann man eine leichte Überzuckerung ertragen als eine Unterzuckerung. Das müssen alle beachten, die unter der Seuche der Krankheit des Diabetes leiden, auch wenn sie ihren Blutzucker mit Tabletten behandeln.

6 *Essen – aber mit Maßen*

Zu den Risiken zweiter Ordnung gehört die Übergewichtigkeit. Sie ist in der BRD sowie in den meisten hochentwickelten Ländern die häufigste Folge der Überernährung. Wie kommt es dazu? Sitzende Haltung im Beruf, die nicht durch körperliche Tätigkeit anderweitig ausgeglichen wird, vor allem aber eine Vorliebe für dickmachende Nahrung, d. h. Kalorienzufuhr über das Maß des Erforderlichen. Alle Nährstoffe, die über den tatsächlichen Energiebedarf hinaus zugeführt werden, werden in Fett umgewandelt. Schon ein kleiner Energieüberschuß kann sich im Laufe der Jahre zu einem Fettansatz von 10 bis 20 kg addieren. Begünstigt durch das Übergewicht stellen sich häufig Krankheiten ein wie Gicht, Hochdruck und Erkrankungen der Herzgefäße. Das bedeutet, daß mit zunehmendem Übergewicht die Lebenserwartung sinkt. Aber nicht nur das Zuviel der Nahrungsmittel ist schädlich, auch die Qualität unserer Nahrung ist nicht immer so, wie sie sein sollte. So ziehen wir meist helle Mehlsorten den Vollkornprodukten vor. Beim feinen Ausmahlen gehen aber die Mineralstoffe, Spurenelemente und Vitamine verloren, die gerade im Kern und in den Hüllenschichten des Getreides stecken. In unserer Zivilisationskost haben wir trotz Überfülle Mangel, nämlich an Vitaminen und Mineralstoffen. Dabei ist unser Bedarf an diesen Stoffen konstant groß. Zivilisationsbedingt sind auch viele Faktoren, die uns ersparen, die gespeicherte Energie abzugeben: wir fahren Auto, wir benutzen einen Fahrstuhl, wir behalten unsere Eßgewohnheiten bei, auch wenn wir einmal bettlägerig sind. Unsere *Bilanz* stimmt nicht: zu große Energieaufnahme, zu wenig Energieverbrauch.

Nicht immer ist aber das *Bilanzproblem* bei übergewichtigen

Personen so zu deuten. Wir alle kennen Personen, die den sog. Kummerspeck angesetzt haben. Hier sind die Ursachen der Fettleibigkeit in unbewältigten seelischen Problemen zu sehen, wo vieles Essen aus Trostbedürfnis folgt. Wilhelm Raabes Erzählung »Stopfkuchen« gibt das unvergeßliche Bild eines solchen Dicken in der Gestalt des Heinrich Schaumann. Er heißt allerdings nicht Stopfkuchen, weil er alles in sich hineinstopft, sondern sein Name enthält eine Anspielung auf eine kulinarische Eigentümlichkeit. Der Stopfkuchen ist nämlich ein Reststück von Kuchenteig, in welches die übriggebliebenen Rosinen, Butter- und Zuckermengen hineingestopft werden, also wohl der schmackhafteste, aber nicht gerade der gesündeste Teil des Kuchens. Indem der dicke Schaumann sein weltüberlegenes Gemüt erkämpft, entwickelt er eine geglückte Form des Dickseins. Aber diese harmonische Form des Dickseins ist die Seltenheit. Mit dem Fettsein werden oft charakterologische Sonderheiten ganz anderer Art verbunden. Shakespeares Julius Cäsar wünscht sich offenbar einen anders gearteten Typ des Dicken als Umgebung: »Laßt wohlbeleibte Männer um mich sein mit glatten Köpfen und die nachts gut schlafen«. Nun, Cäsar hatte gute Gründe.

Eins ist selbstverständlich: Wo wir übergewichtige Personen sehen, die schwierige seelische Frustrationen mit sich herumschleppen, ist zunächst der verstehende Psychologe aufgerufen.

Wie erfassen wir unseren Ernährungszustand?

Am einfachsten, indem wir uns auf die Waage stellen. Dann setzen wir das abgelesene Gewicht in Beziehung zur Körpergröße. Normalerweise sollte sich das Körpergewicht in kg bestimmen als Körpergröße in cm minus 100. Also der 160 cm große Mensch sollte wiegen 160 minus 100 = 60 kg. Das ist aber nicht das Idealgewicht, wie es die Tabellen festlegen. Man sollte von der errechneten Größe je nach Geschlecht und Knochenbau noch ca. 10 bis 15 % abziehen. Eine Behandlung des Übergewichts ist angezeigt, wenn das Normalgewicht um 10 bis 20 % überstiegen wird. Ziel muß sein: ein Abbau der Energiezufuhr durch kleinere Eßmengen. Das ist die quantitative Seite des Problems. Ebenso wichtig ist die *qualitative: Was* soll ich essen? Die Verminderung der Nahrungsaufnahme muß mit dem Therapeuten abgesprochen werden. Die oft befürwortete Null-Diät hat ihre eigenen Probleme und kann nicht in jedem Falle empfohlen werden. Sie ist oft sogar untersagt, wenn Störungen an Niere, Leber oder Krankheiten wie Gicht vorliegen. Dagegen hat die Bundeszentrale für gesundheitliche Aufklärung eine Verhaltenstherapie beschrieben, die auf eine Veränderung des Eßverhaltens zielt und jeweils in kleinen Schritten erfolgt. Einige Regeln – eigentlich sollte man sie psychologische Kniffe nennen – scheinen mir besonders praktikabel:

1. Ich notiere jeden Morgen mein Gewicht.
2. Ich nehme in regelmäßigen Abständen möglichst insgesamt 5 Mahlzeiten ein.
3. Ich konzentriere mich bei meinen Mahlzeiten auf das Essen und Trinken und vermeide dabei Nebentätigkeiten.
4. Ich nehme meine Mahlzeiten möglichst mit Personen ein, die selbst wenig essen und trinken.
5. Ich kann in dieser Woche ein besonders kalorienreiches Nährmittel besonders leicht weglassen – etwa Schokolade.
6. Ich halbiere jeden Bissen noch einmal, bevor ich ihn zum Mund führe.
7. Ich mache nach der Hälfte der Mahlzeit eine Essenspause von 1 bis 2 Minuten.
8. Ich lasse bei jeder Mahlzeit einen kleinen Rest übrig, den ich nicht mehr esse oder trinke.
9. Ich lasse bei Einladungen mein Glas halbvoll stehen, damit der Gastgeber nicht so schnell nachschenken kann.

10. Bei Einladungen verzichte ich auf kalorienreiches Knabbergebäck und Salzstangen.

Das sind nur einige der empfohlenen Regeln. Sie sind um einen wichtigen Hinweis zu ergänzen. Er betrifft das Essen in Gasthöfen. Im allgemeinen werden viel zu große Mengen serviert, manchmal sicherlich auch, damit die Menge die fehlende Qualität überdeckt. In einem solchen Falle sollte man sich dazu erziehen, die überschüssige Menge stehen zu lassen, auch wenn der Wirt das als Kritik an seiner Küche auffassen sollte.

Es kommt natürlich darauf an, daß man das Richtige zu sich nimmt. Besonders der alternde Organismus benötigt Eiweiß. Eiweißmangel beeinträchtigt die Abwehrfunktion des Körpers. Schon für den Gesunden empfiehlt sich eine eiweißreiche Kost. Zu den Hauptmahlzeiten werden empfohlen:

1. Fisch
2. Hühnerfleisch ohne Haut
3. Kalbfleisch nach Entfernung des sichtbaren Fettes
4. Truthahnfleisch ohne Haut

Davon kann in einer Mahlzeit bis zu 250 g verzehrt werden. Der Verzehr von Rindfleisch, Lammfleisch und Schweinefleisch ist auf 100 g zu beschränken. Ziel dieser Begrenzung ist:

a) die Einschränkung der Zufuhr von tierischem Fett
b) die Einschränkung des mit der Nahrung aufgenommen Cholesterins.

Das ist wichtig. Allen Menschen, die die Kriegs- und Nachkriegszeit erlebt haben, ist bekannt, daß jedermann damals unter- oder normalgewichtig war. Die Cholesterinspiegel lagen damals bei uns so niedrig wie heute noch in den unterentwickelten Gebieten Afrikas. Aber die Epidemie der Herzinfarkte gab es nicht. Die gelegentliche Vermutung, daß körperliche Betätigung allein, d. h. ohne Nahrungseinschränkung, den Cholesterinspiegel senkt, hat sich nicht bestätigt.

Für die Dämpfung des Appetits hat man sog. Appetitzügler

hergestellt. Bei deren Anwendung ist aber zu bemerken, daß der damit erzielte Gewichtsverlust oft wieder schnell aufgeholt wird durch Hungergefühl nach dem Fasten.

Umstritten ist die Frage nach der Art, welches Eiweiß zu bevorzugen ist, namentlich bei der Ernährung des alternden Menschen. Mehr pflanzliches oder mehr tierisches Eiweiß? Ein Kenner der Materie, Glatzel, äußert sich dahin: »Der Frühmensch, der homo erectus, lebte vor etwa 2½ Millionen Jahren. Er besaß das Feuer, ging auf die Jagd und sammelte Beeren und Früchte, Insekten und Kleintiere. Sein Gebiß war dementsprechend ein Allesfressergebiß, mit den starken, scharfen Schneide- und Eckzähnen des Fleischfressers und den breitflächigen Backenzähnen des Pflanzenfressers. Es war im Prinzip gebaut wie das Gebiß des heute lebenden Menschen. Die Reis essenden Völker sind keineswegs immer Vegetarier. Meerestiere, aber auch Landkleintiere und Eier sind zumeist Bestandteile ihrer gemischten Kostform. Wer Milch und Milchprodukte und Eier ißt, ist kein Vegetarier. Tierisches Eiweiß ist besser als pflanzliches Eiweiß, weil es zufolge seines Gehaltes an speziellen Aminosäuren, die in pflanzlichen Eiweißstoffen in viel geringeren Mengen enthalten sind, höhere körperliche und geistige Leistungen ermöglicht«. Das gilt besonders auch für die Ernährung im Alter. Jedenfalls kann das Ziel nur sein, eine vollwertige, gemischte Nahrung. Jede Einseitigkeit ist auch hier von Übel.

Wenn wir die Fettsucht auch »nur« als Risikofaktor zweiter Ordnung einstufen, so darf das nicht heißen, daß dieser Risikofaktor nicht ernstgenommen werden sollte. In den USA hat man eine interessante Berechnung durchgeführt, die das unterstreicht: Die Entdeckung eines Krebsmittels würde in den USA die Lebenserwartung um 2 Jahre verlängern, die Normalisierung des Körpergewichts jedoch um 4 Jahre. Das ergibt sich aus dem engen Zusammenhang zwischen Übergewichtigkeit und inneren Erkrankungen (Herz, Kreislauf, Gefäßleiden). Bei einem Übergewicht von ca. 30 % erhöht sich statistisch die Sterblichkeit um mehr als 50 %.

In der letzten Zeit wird besonders der Wert des Fischkonsums neu entdeckt. Das steht im Zusammenhang mit Beobachtung der Eßweisen der Eskimo in Grönland. Sie sind ausgesprochene Fischesser (400 g pro Tag) und erkranken nur selten an Arteriosklerose. Daraus folgen praktische Empfehlungen für uns: Wir sollten zwei Fischmahlzeiten wöchentlich einlegen, die schon eine vorbeugende Wirkung gegen die Ausbildung der Arteriosklerose haben sollen. Bollinger macht dafür bestimmte ungesättigte Fettsäuren verantwortlich. Der günstige Einfluß ist unbestreitbar, wenn auch der Zusammenhang noch nicht völlig aufgeklärt ist. Wahrscheinlich läßt sich auch durch Zusatz von Fischöl zur Normalkost eine Senkung der Blutfette erreichen. »Vielleicht ist auf diesem Wege sogar noch eine stärkere Reduktion arteriosklerotischer Ereignisse möglich«. In der ökologischen Unordnung, in der wir leben, wäre es allerdings blauäugig, nicht zu bedenken, daß Fische, Krebse und Muscheln namentlich in der Nähe stark verschmutzter Flußmündungen krebserzeugende Substanzen speichern. Anderseits erzeugen wir selbst krebserzeugende Stoffe bei der Zubereitung mancher Nahrung. Wer über einem offenen Holzkohlenfeuer grillt, wobei Temperaturen zwischen 500 und 600° entstehen können, muß wissen, daß das so gegrillte Fleisch erhebliche Bestandteile an krebserzeugendem Benzpyren enthält. Oft wird die Frage gestellt, wie es mit dem Geräucherten steht. Bei der Kalträucherung und der Kurzzeitheißräucherung (unter 3 Stunden) ist die Konzentration gering, nur bei der Schwarzräucherung (1 bis 3 Monate) entstehen größere Mengen durch Reaktion zwischen Eiweiß und Rauchbestandteilen.

7 *Bewegung oder Ruhe?*

Wir gehen von einem geschichtlichen Rückblick aus: Der Wiener Arzt Nascher ließ sich nach der Jahrhundertwende in den USA nieder, wo er sehen mußte, wie vernachlässigt die ältere Bevölkerungsschicht in der medizinischen Versorgung war. Alte Patienten wurden frühzeitig aufgegeben und nicht mehr zur Behandlung in den Krankenanstalten zugelassen, weil man annahm, daß eine Beseitigung der bestehenden Leiden doch nicht zu erreichen war. Nascher wollte sich gerade dieser Menschen annehmen und schrieb 1914 darüber ein Buch, weshalb er der Vater der Geriatrie genannt wird. Sein Ziel war eine Reform der bestehenden Zustände. Daß er scheiterte, lag an vielen Umständen. Uns interessiert hier nur, was er seinen Patienten im höheren Alter zu empfehlen hatte. Da stand an erster Stelle die Verordnung von Ruhe im Lehnstuhl.

Wir wissen heute, daß diese Empfehlung grundfalsch war und können das auch aus neueren amerikanischen Untersuchungen exakt nachweisen. Schon bei einem jungen, gesunden Menschen entwickelt sich bei extrem strenger Bettruhe von nur 3 Wochen ein erheblicher Verlust an Anpassungsmöglichkeiten. So sinkt die Atmungskapazität um ca. 30 %, ebenso der Sauerstoffverbrauch. Es treten auch sonst Erscheinungen auf, die einem Altern um drei Jahrzehnte entsprechen. Glücklicherweise sind die Erscheinungen behebbar und bilden sich bei Wiederaufnahme der Tätigkeit zurück. Hieraus läßt sich aber ermessen, in welch hohem Maße der von Nascher empfohlene Lebensstil geradezu ein Risikofaktor ist. In der körperlichen Inaktivität liegt eine große Gefahr. Das hat sich heute längst herumgesprochen. Namentlich an Sonn- und Feiertagen haben wir ein überwältigendes Bild: In den Wäldern finden wir joggende und radelnde Städter in Massen. Aber auch an Werktagen ist das Bild nicht unbekannt, so daß man sich fragt, woher die Menschen die Zeit nehmen, ihren Fitness-Übungen nachzukommen. In dieser Erscheinung steckt ein Problem, dem Karl Sontheimer in der Zeitschrift HP (Fachzeitschrift für Naturheilverfahren, 1986, 1/2) nachgegangen ist. Er trifft den Nagel auf den Kopf und sei deshalb zitiert: »Gesundheit ist für viele Menschen anscheinend nicht nur ein hoher Wert, sondern sie ist zu einem Idol geworden. Unter einem Idol verstehe ich einen Kultgegenstand, der fraglos gilt und verehrt wird und dem man sein ganzes Sein und Interesse opfert, ohne weiter nach dem Sinn solchen Tuns zu fragen. Dies führt mich zu Überlegungen, die keineswegs als eine Kritik am Wert der Gesundheit mißverstanden werden dürfen. Ich frage: Warum ist uns Menschen die Gesundheit denn so wichtig? Und antworte: Doch offensichtlich, damit wir – im Vollbesitz unserer körperlichen und geistigen Kräfte – etwas Sinnvolles, Vernünftiges, Brauchbares tun können. Gesundheit ist also primär ein Zustand; ein Mittel, um etwas zu vollbringen, was außerhalb der Gesundheit liegt: eine Arbeit oder ein Werk oder eine bestimmte Aufgabe. Eine Betätigung, die allein der Pflege der Gesundheit dient und nicht darüber hinausweist, läuft leer, denn eine Gesundheit, die zum Wert an sich verkommt, hat keine sinnvolle, menschliche Funktion mehr zu erfüllen. Deshalb müssen wir Gesundheit wieder als eine Gabe verstehen, die uns gegeben wird, und um die wir uns auch verdient machen können, damit wir etwas tun können, was einen Sinn jenseits der Gesundheit hat, was über die Gesundheit hinausweist. Ich fürchte, wir vergessen das mehr und mehr«. In dieser Perspektive hat der Untertitel dieses Buches seinen Sinn. Gesundheit ist uns sowohl Gabe als auch Aufgabe, nicht Selbstzweck oder Ersatzreligion.

An diese Worte müssen wir denken, wenn wir kritisch den höchst bedenklichen Boom einer Body-Building-Industrie sehen, in dem das Ziel des Body-Building selbst zu einer verkappten Religion wird und wo es heißt: Fitneß und Schönheit sind dasselbe. Damit wir uns richtig verstehen: Die Gesundheit – körperliche wie geistige – ist das höchste aller irdischen Güter, sonst würde man nicht so viel darüber schreiben, und diese Zeilen gäben keinen Sinn. Aber wo das Bemühen um Fitneß eine Ausschließlichkeit beansprucht, die keine andere Tätigkeit mehr zuläßt, befinden wir uns in einer Sackgasse.

Körperliche Aktivität also wird von uns allen abverlangt, wenn wir vernünftig altern wollen. In welcher Form? Zu welchem Effekt?

Nach einem Worte von Karl Diehm kann man bei richtiger körperlicher Betätigung 20 Jahre lang 40 Jahre alt bleiben. Das ist eine Sache des Sportes. Wir müssen uns trotzdem mit Nüchternheit fragen, was er uns jungen Alten ab 30 Jahren oder uns alten Jungen ab 80 Jahren bringt. Daß man durch körperliche Aktivität die Folgen des Älterwerdens herausschieben kann, ist allgemein anerkannt. Ob das aber nur durch Sport geschehen kann, ist mir unsicher. In der »Ärztlichen Praxis« (1986, 30) findet sich die Zusammenfassung einer amerikanischen Studie, woraus hervorgeht, daß bereits einfache körperliche Aktivitäten – wie Spazierengehen und das nicht zu unterschätzende Treppensteigen! – insbesondere bei Männern eine hohe Schutzfunktion haben bei Herz- und Kreislauf-, aber auch bei Lungenerkrankungen. Das ist nicht mehr neu. Neu aber ist, daß damit verbesserte Lebensqualität als Lebensverlängerung erreicht wird, *gleichgültig*, ob sonst noch Risikofaktoren (Bluthochdruck, Zigarettenrauchen, Übergewicht) vorliegen. Hypothetisch läßt sich sagen, daß körperliche Tätigkeit das Leben verlängert.

Welche Arten körperlicher Tätigkeit sind zu empfehlen?

Wir nennen zunächst das Wandern. Dabei ist der Leistungszuwachs von untergeordneterer Bedeutung, aber es muß bedacht werden, daß es darauf auch gar nicht so sehr ankommt als vielmehr um das Erhalten der vorhandenen Leistungsfähigkeit. Dicht daneben stehen bereits deutlich leistungsbezogene Sportarten, zum Teil mit Wettbewerbscharakter. So sind Volksläufe problematisch, soweit sie leistungsbezogen sind. Sie haben schon oft zu tödlichen Infarkten geführt. Das Risiko ist wohl zu beachten. Zu empfehlen ist auch im Alter das Trimming 130. Es ist eine Belastungsform, die die muskuläre Ausdauer fördert. Einige Sonderheiten sind dabei aber zu beachten: Jogging auf hartem Boden bringt leicht Kleinstverletzungen an den Gelenken, besonders bei Personen mit schwachem Knochenbau. Es versteht sich von selbst, daß beim Brüchigwerden der Knochen im Alter (meist bei Frauen), der sog. Osteoporose, diese Tatsache bei Übungen beachtet werden muß. Statische Tätigkeiten, d. h. Tätigkeiten im Stehen (Graben im Garten) sind nicht zu empfehlen. Zu vermeiden sind auch Liegestützen und Surfen. Besondere Gefahren liegen in den Aerobic-Übungen. Hier kann der Übende schon in wenigen Minuten eine Pulszahl von 200 erreichen. Durch die Musik bei den Übungen wird die Leistungsfähigkeit schnell überfordert. Als Maß, welche Pulszahl erreicht werden soll, kann man von der Formel 180 (evtl. 200) minus Alter ausgehen. Daher ist eine Pulszahl von 110 bis 130 für die Mehrzahl der Übenden die Norm.

Wenn man diesen Puls mehrmals wöchentlich über ca. ½ Stunde erreicht – unter Benutzung von ca. 50 % der Gesamtmuskulatur – so erlangt man ein optimales Ergebnis und eine Kräfte- und Widerstandssteigerung. Die sklerotischen Belege an den Gefäßen treten mit Verzögerung auf. Es ist instruktiv, daß man das nicht nur im Tierexperiment meßbar beweisen kann. Man stellt es fest an Abnahme der sichtbaren Cholesterinablagerungen in der Haut. Voraussetzung ist, daß der Kreislauf in

Ordnung ist und keine gefährlichen Blutdruckerhöhungen vorliegen.

Bei der Bemessung der Pulszahl sollte man einen Unterschied machen zwischen Gesunden einerseits und Untrainierten und älteren Menschen anderseits; bei Gesunden bis zum 50. Lebensjahr ist als Pulszahl zu erstreben: 180 minus Lebensalter, bei Untrainierten und über 50jährigen: 170 minus Lebensalter. In dieser Gruppe kann man sich auf eine Belastungsdauer von 10 bis 15 Minuten beschränken.

Bei Ausdauertätigkeiten, die sich über längere Zeit erstrecken, sind die Pulszahlen niedriger. Die Leistung ist hier eher begrenzt durch den Stoffwechsel im arbeitenden Muskel. Dabei ist zu beachten, daß die Erhöhung des Stoffwechsels eine zusätzliche Energieverwertung darstellt, d. h. auch eine zusätzliche Verbrennung von Zucker; weshalb bei Zuckerkranken, die ein Medikament nehmen, unter Umständen mit einer Unterzuckerung gerechnet werden muß. Ein Stückchen Zucker kann diese unerwünschte Nebenwirkung schnell beheben. Daher ein *dringendes Muß für Zuckerkranke:* einige Stücke Würfelzucker mit auf den Weg nehmen.

Im Training sollte die Atmung durch die Nase, nicht durch den Mund erfolgen. Sonst gerät der Organismus schnell in Sauerstoffnot. Allerdings haben viele Menschen eine durch Polypen verlegte Nasenatmung. Prinzipiell ist wichtig, daß häufigere Übungen mit kürzerer Zeitdauer wirkungsvoller sind als seltenere Übungen mit längerer Dauer.

Wer an natürliche Erhöhung der Widerstandskraft denkt, kann nicht an den Erfahrungen des Pfarrers Kneipp vorbeigehen. Er rühmt die Wasseranwendungen als die »einfachste, leichteste, schuldloseste Form« der ihm bekannten Therapieformen. Heute wissen wir mehr über die segensreichen Wirkungen der Wasseranwendung. Auf kaltes Wasser reagiert der Körper mit einer Zusammenziehung der Gefäße, leichtem Blutdruckanstieg und Abnahme der Pulstätigkeit. Warmes Wasser wirkt in gegenteiliger Richtung. Damit hat man ein Mittel zum Training der Gefäßregulation in der Hand. Jungmann empfiehlt besonders eine warme Teilanwendung durch das ansteigende Armbad. Dabei wird der Unterarm in Wasser von 35° gehalten und dann innerhalb von 20 Minuten auf 41° erwärmt. Das genügt, um auch die Durchblutung der Füße maximal zu steigern. Hier zeigt sich eine eindrucksvolle *Fernwirkung*, die natürlich nicht mehr eintreten kann, wenn eine arteriosklerotische Durchblutungssperre vorliegt. Die Regulation des ganzen Gefäßsystems wird verbessert und zwar - was wir erst jetzt genauer wissen - *unter Schonung des Herzens.*

8 *Mit unserem täglichen Streß leben*

Wir leben in einer Zeit mit einem erhöhten Umweltbewußtsein. Die Belastung, die unserer Gesundheit durch Umwelteinflüsse zuwächst, wird mehr als früher wahrgenommen. Sie wird als Streß zusammengefaßt und ist der letzte der Risikofaktoren zweiter Ordnung, steht also am Ende, wobei aber die Frage sein sollte, ob er nicht wegen seiner Bedeutung früher stehen sollte. Denn wir wissen ja, daß er auch andere Risikofaktoren beeinflussen kann. Manches streßbetonte Erlebnis kann so in uns eindringen, daß es den Blutdruck erhöht. Wir befinden uns auf einem Gebiet, wo die Reize der Umwelt tief ins Funktionieren des Körperlichen einschneiden. Damit ist Streß unser Schicksal. Er beeinflußt die Reaktionen unseres Nervensystems. Man weiß, daß er nicht nur an der Entstehung von Magengeschwüren beteiligt sein kann, sondern daß er auch das Auftreten von Herz- und Kreislauferkrankungen begünstigt und vielleicht ebenso daran beteiligt ist wie der viel diskutierte Cholesterinspiegel.

Wie sehr sich unser Umweltbewußtsein in der letzten Zeit geändert hat, und zwar zum Besseren, sei nur an einem Beispiel gezeigt: Der Schreiber dieser Zeilen hatte mit vielen vergeblichen Versuchen, den nächtlichen Rangierbetrieb der Bundesbahn vor seinem Haus bemängelt und um Abhilfe gebeten, nachdem eine Anzeige abgewiesen worden war. Die Beschwerde, die auch an den Verkehrsminister und die Bundesbahndirektion und schließlich an den amtierenden Bundespräsidenten ging, wurde von der Deutschen Bundesbahn dahin beantwortet: sie könne auf die ruhestörenden Rangierbewegungen »Sowohl aus *betrieblichen*, als *auch aus volkswirtschaftlichen* Gründen leider nicht verzichten«. Eine solche Antwort (31. 10. 69!) kann man sich heute kaum vorstellen.

Noch 1974 erklärte der Bundesminister des Inneren, daß er sich nicht in der Lage sehe, »auf das Anliegen der von Ihnen vertretenen Bürgerinitiative einzugehen«. Dabei hatten die Gerichte durchweg festgestellt, daß die Bürger Recht auf ungestörte Nachtruhe hatten. Der Schutz vor schädlichen Umwelteinflüssen wurde erst mit der wachsenden Zahl der Beschwerden ernstgenommen. Den Vorrang gewährte man vorher durchweg volkswirtschaftlichen Betrachtungen.

Welche Formen kann der Streß annehmen?

Bei von Eiff wird ein Tierversuch beschrieben, der verdeutlicht, unter welchen Formen Streß erscheinen kann. »Bei zwei Gruppen von männlichen Mäusen wurde das Blutdruckverhalten registriert: Bei der einen Gruppe lag der Blutdruck mit normalen Schwankungen nie über 140 mm. Bei der Kontrollgruppe mit gleichem Blutdruck wurde der Käfig, in dem die Tiere lebten, auf die Hälfte eingeengt. Bei den Tieren mit Wohnungsnot stieg der Blutdruck sofort auf 160 mm, und er blieb in dieser Höhe auch noch nach der Behebung der Wohnungsnot. Andere Versuche bei anderen Tieren haben ergeben, daß es beim Dauerstreß zum Tode kommen kann, etwa bei den in Südostasien beheimateten Baumspitzhörnchen. Sieht ein solches, im Kampfe bezwungenes Tier, von einem getrennten Käfig aus, also ohne Berührungsmöglichkeit, seinen Bezwinger pausenlos, so tritt nach wenigen Tagen der Tod durch Nierenversagen ein. Der sympathische Teil des Nervensystems drosselt dabei die Nierendurchblutung.«

Schon einfache Furcht kann als Stressor wirken. Mir ist ein Mann bekannt, der eher einen zu niedrigen Blutdruck hatte, bis ihm eröffnet wurde, daß er ein Geschwulst der Haut (Basaliom) habe und er sich einer Operation unterziehen müsse. Der Blutdruck stieg auf für den Patienten ungewöhnlich hohe Werte und blieb auch noch lange nach der erfolgreichen Operation verhält-

Foto 5: Angst vor dem Fotoapparat. Auch eine Art Streß: das plötzliche Erscheinen des Fotografen auf dem Spielplatz (Foto: W. Blechmann)

nismäßig hoch. Im allgemeinen reagieren Männer auf Streß eher als Frauen, wie sich aus den Auswirkungen auf Fluglärm ergeben hat. Wahrscheinlich verfügen Frauen über einen hormonalen Schutzmechanismus.

In unseren Tagen werden die Umweltschäden besonders beachtet und mit Recht auch in den Medien beschrieben. Umso unverständlicher ist, daß *eine* Streßquelle, die schon erwähnt wurde, so gut wie ungeschoren bleibt: *der Lärm.* Trotz größeren Umweltbewußtseins gehört der Lärm der Motorräder oder der

Diskotheken zum unkritisierten Inventar unserer Umwelt, ganz zu schweigen vom Lärm der Radioboxen. Die andere Seite der Lärmproduktion ist der Verlust des Zuhörenkönnens. Das Kind kann sich noch beim Zuhören in eine innere Bilderwelt versenken. Aber wo Eltern und Erzieher noch wenig erzählen oder anschaulich vorlesen können, haben wir die erste, frühe Etappe der Gehörverkümmerung. Es führte zu keiner Klärung, wollte man das Radio verantwortlich machen und verdammen. Indessen hilft es, den krankhaften Zustand der Menschheit zu verdeutlichen. Es gibt Zeitgenossen, die nicht arbeiten können, wenn nicht gleichzeitig das Radio spielt. Sie brauchen ein stets besetztes Ohr, um sich selber zu empfinden. Der Lärm wird zur Selbstbestätigung. Warum aber macht der Motorradfahrer den Spektakel? Er könnte auch leiser fahren. Aber der Lärm bereitet ihm Vergnügen. Warum stellt jemand sein Radio so laut, daß die ganze Straße es hören muß? Weil er keine echte Mitte hat, seine Persönlichkeit leer ist. Das Getöse aber, das er verursacht, gibt ihm das Gefühl, Etwas und Jemand zu sein. Guardini formulierte: »Sie stellen das Radio auf große Lautstärke an, das Gedröhn erfüllt ihren Raum, zugleich aber den der anderen. Dann existieren sie in dem Lärm und zwingen den anderen, es ebenfalls zu tun. Von der Barbarei nicht zu sprechen, daß morgens aufgedreht wird und das Ding den ganzen Tag hindurch läuft. Hier geschieht etwas sehr Schlimmes: Die Stille geht verloren, das Schweigen ... Denn auch die Stille ist ja nichts Negatives, nicht nur Abwesenheit von Wort und Ton, sondern selbst etwas, dessen der Mensch bedarf, um Beziehung zum Gültigen zu gewinnen, Fühlung mit dem eigenen Inneren zu behalten, geistig wie nervenmäßig gesund zu bleiben«.

Was der Philosoph hier sagt, es wird von der Medizin bestätigt. Aus vielen Arbeiten geht hervor, daß einmal der Lärm den Blutdruck erhöht, aber auch, daß der Patient mit erhöhtem Blutdruck stärker auf Geräusche reagiert als der mit normalem Blutdruck, daß also krankhaftes Geschehen zusätzlich gefördert wird. Die Lärmverschmutzung unserer Umwelt ist nicht weniger schädlich als die Verschmutzung durch Abgase, wird aber merkwürdigerweise von den Umweltschützern kaum zur Kenntnis genommen, weniger als die Erkrankung von Bäumen und die Verunreinigung der Gewässer.

Ein Experiment mit Lärm

An den Versuchspersonen im Alter von 37 Jahren werden die Blutdruckwerte sowie die Pulsgeschwindigkeiten bestimmt. Jede von ihnen wird über einen Kopfhörer einem weißen Rauschen ausgesetzt (d. i. ohne Charakterisierungsmöglichkeit der Rauschart), und zwar 15 Minuten lang. Am nächsten Tag wird ihnen Lärm von gleicher Stärke zugespielt, jetzt aber aufgenommen an einer belebten Straßenkreuzung auf Tonband, also Verkehrslärm. Unmittelbar nach der Belärmung hatten die Versuchspersonen für jeweils 5 Minuten möglichst schnell einstellige Zahlen zu addieren. Außerdem wurde der Blutdruck gemessen. Es stellte sich heraus, daß der Lärm in Form des weißen Rauschens nur geringe Wirkung auf Blutdruck und Rechenleistung hatte, wohingegen bei Verkehrslärm erhebliche Störungen auftraten. Man schließt darauf, daß nicht nur die Lautstärke für die Beeinträchtigung der Leistung verantwortlich ist, sondern daß auch die Information des Straßenlärms dazu beiträgt. Der Informationsgehalt des Lärms ist also für die Nervenreaktion mit folgender Erhöhung des Blutdrucks verantwortlich. Es gibt Umweltreize des Alltags, denen wir noch nicht ausweichen können.

Was wird als Lärm empfunden?

Was wir als Lärmschwelle empfinden, ist nicht eindeutig festzulegen. Der Besitzer eines Industrieunternehmens, der den Lärm seiner Maschinen bis in seine Wohnung hört, wird dem Lärm eher eine positive Bedeutung geben. Lehmann gibt ein Beispiel aus demselben Bereich: »Solange die Menschen zu dem Betrieb gehören und in ihm die Quelle ihres Lebensunterhaltes sehen, sind die Geräusche für sie kein Lärm, und sie fühlen sich dadurch nicht beeinträchtigt«. Je mehr die Bindung an den Betrieb gelokkert wird, desto stärker empfindet man Abneigung gegen das Geräusch. Es wird nicht mehr akzeptiert. Das sind psychische Reaktionen. Bei denen, die den Lärm als Norm angenommen haben, hört man oft: »Wir haben uns daran gewöhnt«. Hier kommt es weniger auf den Lärm selbst an als auf das Verhältnis des Hörenden zur Lärmerzeugung. Der Lärmerzeuger ist gegenüber dem darunter Leidenden fast immer verständnislos. Das ist auch z. B. der Fall in einem geschlossenen Kraftwagen. Der Lärm wird vom innensitzenden Fahrer meist unterschätzt. Allerdings ist es nicht so, wie manche glauben, daß der, der weniger vom Lärm berührt wird, auch weniger Schaden daran nimmt. In der beigegebenen Zeichnung, wo die Lautstärke noch in der alten Weise mit Phon angegeben wird, läßt sich das Heranwachsen der

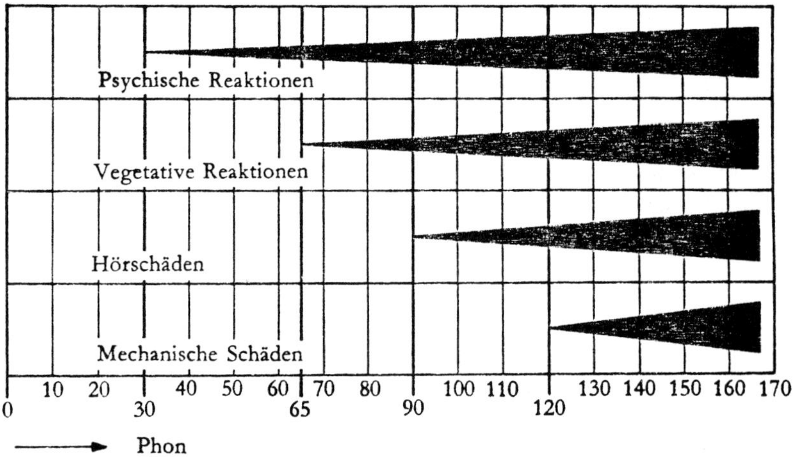

Wie der Lärm auf den Menschen einwirkt

Gefährdung erkennen: Es gibt Geräusche, die man kaum eben zu hören vermag und in der Regel nicht als Lärm bezeichnet. Sie liegen unter 30 Phon. Überschreiten die Geräusche die Lautstärke von 30 Phon, so geraten wir in einen Bereich, in dem bereits Lärmarten liegen, die als Belästigung empfunden werden können und den wir deshalb als Lärmstufe I bezeichnen. Diese Lärmstufe bezeichnet zunächst eine psychische Wirkung. Oberhalb von 65 Phon beginnt die Lärmstufe II, die sich bis auf 90 Phon erstreckt. Jetzt treten auch körperliche Reaktionen auf, wobei die seelischen natürlich erhalten bleiben. Von 90 bis 120 Phon treten zu den übrigen bereits bezeichneten Schäden auch Schäden des Gehörs.

Lehmann führt aus, daß bei schlafenden Menschen die Reaktion auf Lärmeinwirkungen besonders stark ist. Das vegetative Nervensystem reagiert dann erheblich empfindlicher. Die Forderung nach einem besonders niedrigen Geräuschpegel in Schlafzimmern ist also auch dann berechtigt und sinnvoll, wenn der Schläfer durch den Lärm *nicht* geweckt wird. Auch dann befindet er sich in einem Zustand vegetativer Erregung, der mit einer starken Verminderung der Durchblutung des ganzen Körpers verbunden ist. Beim Eintreten des Lärms kommt es zu einer Verengung der Blutgefäße und erst nach Aufhören des Lärms zu einem allmählichen Zurückgehen dieser Erscheinung. Die gedrosselte Durchblutung beeinflußt verschiedene Drüsen, so z. B. die Verdauungsdrüsen, so daß Störungen im Stoffwechsel eintreten können.

Deutlich häufiger sind auch in der Lärmgruppe die Herzbefunde, namentlich durch Rhythmusstörungen, aber auch allgemeine Durchblutungsstörungen, wie sie sich durch Blässe der Fingerspitzen bemerkbar machen. Dabei liegt oft das Gefühl des Absterbens der Finger vor. Man redet von Totenfingern, die sich allmählich wieder normalisieren und durch reaktive, überschießende Blutzufuhr tiefrot werden. Auch diese Krankheit, nach dem Franzosen Raynaud benannt, ist eine Durchblutungsstörung, die durch Lärm gefördert, wenn auch nicht hervorgerufen wird. Wir sehen hier an einigen Stellen, wie tief Lärmeinwirkungen in unseren Körper eingreifen. Mehr wird in der Öffentlichkeit der Fluglärm diskutiert, der seine eigenen Probleme hat.

Im Hintergrund das Nervensystem

Außer den bekannten körperlichen Risikofaktoren gibt es noch andere Ursachen, wo im Hintergrund das Nervensystem zuständig ist. Auf der Suche nach einer therapeutischen Beeinflussung sind wir aber auf Medikamente angewiesen, die wegen ihrer Nebenwirkungen besonders bedacht werden müssen. Wir denken etwa an die sog. Beta-Blocker, die die Erregungsphase bändigen, aber wegen ihrer Nebenwirkungen nicht einfach zur Vorbeugung empfohlen werden können. Wenn es ohne Medizin geht, ist es besser: konzentrative Selbstentspannung, Meditation sind angezeigt. Denn es gibt viele krankmachende Faktoren, die schließlich zum Streß führen: Ehrgeiz, Zeitdruck, Fixierung auf Arbeit und beruflichen Erfolg, andere werden uns von unserer Umwelt aufgezwungen. Die Werte des Spirituellen und Meditativen müssen erst wieder in die Normalmedizin eingebracht werden. Carola Halhuber kritisiert: »Dem naturwissenschaftlich ausgebildeten Arzt scheint eben in diesem Bereich noch alles unbewiesen, er zieht sich gern auf die Formel zurück, daß mehr Forschung nötig sei«. In diesem Zusammenhang zitiert sie das herausfordernde Wort eines Kollegen: »Ich bin betroffen, wie viele heute einen Herzinfarkt brauchen, um Menschen zu werden«.

Die Streß-Schwelle ist für jeden verschieden. Namentlich die nervösen Typen unter unseren Patienten reagieren besonders schnell und überschießend. Auch die Muskelspannung, die weder mit dem Auge sichtbar ist noch mit der Hand fühlbar, die aber elektrischen Messungen zugänglich ist (elektromyographisch) ist im chronischen oder akuten Streß – schon im Lampenfieber – gesteigert.

Und die Angst?

Die Angst verdiente ein ganzes Buch, so vielfältig und so verborgen ist sie und bestimmt unser Leben. Wir verstehen sie hier vereinfachend als Grenzform des Streß. Diese Grenze wird erreicht, wenn man ohne Hoffnung lebt. Dann kann der Freitod eine Möglichkeit sein, die dem Menschen offensteht. Schon der Ausstoß aus der Gesellschaft kann dazu führen. Wer in primitiven Gesellschaften wegen Verstoßes gegen ein Tabu ausgeschlossen und mit dem Todeszauber besungen wird, gerät in eine seelische Situation der Ausweglosigkeit und stirbt ohne äußere Ursache in kurzer Zeit. Schließlich kann man aus Furcht vor dem Sterben sterben. In dieser Richtung teilt Hoff eine Beobachtung von Jores mit. Er berichtet von einem Verladearbeiter, der eines Abends versehentlich in einem zu entladenden Kühlwagen auf dem Bahnhof eingeschlossen wurde und am nächsten Morgen tot in diesem Wagen gefunden wurde. Bei ihm fand man Aufzeichnungen über die sich mehr und mehr entwickelnde Kälte, die er schließlich als unerträglich und lebensbedrohend empfunden hatte. Es stellte sich aber heraus, daß die Kühlaggregate gar nicht eingeschaltet gewesen waren. Hoff kommentiert: »Der Mann war also nicht erfroren, er war seinem Glauben an die tödliche Wirkung des Kühlaggregats zum Opfer gefallen. Es muß sehr nachdenklich stimmen, daß der primitive Naturmensch und der Kulturmensch des technischen Zeitalters ganz ähnliche seelische Reaktionen von elementarer Kraft aufweisen können«.

Angst vor dem Tod kann den Tod herbeirufen, Angst vor dem Schmerz den Schmerz. Aber eine der größten Entdeckungen der vergangenen Jahre hat etwas Beruhigendes: Das menschliche Hirn enthält nämlich Substanzen, die dem Morphium ähneln. Man nennt sie Endorphine. Sie setzen die Schmerzgrenze herauf und mildern den Schmerz ab, so daß erst von einem bestimmten Punkt an der Schmerz als solcher – quasi als Sturmglocke – auftritt. Die Endorphine des Hirns machen den leichten Schmerz erträglich. Dieses unser eingebautes Morphium haben wir nötig, damit das Leben schmerzärmer ist. Aber auch Mäuse und Regenwürmer haben diese Substanz. Warum wohl? Nun, ohne ihren Schutz würde der Regenwurm ein Höllendasein haben: immer in der Furcht, daß man auf ihn tritt, daß ein Vogel ihn aufpickt, daß er unter einer Erdscholle begraben, vom Regen fortgespült wird. So sehen wir in den Endorphinen einen biologischen Gnadenakt.

Noch einmal: wie gesund bin ich?

Die angeführten Risikofaktoren sollten wir ernstnehmen, aber sie sollten uns nicht zum Hypochonder machen, der seine Gesundheit schon bei einer banalen Erkältung bedroht sieht. Wir sollten auch bedenken, daß es verdeckte Umweltfaktoren gibt, deren Ausmaß medizinisch nur wenig erforscht ist. Was müssen wir alles einatmen? Was nehmen wir in der Nahrung alles zu uns? Wir brauchen gar nicht erst an Tschernobyl und die verschiedenen Weinskandale zu denken. Mit Halid Bas sind wir der Meinung, daß Gesundheit an sich nicht meßbar ist. Umstritten ist auch die Definition der Weltgesundheitsorganisation, die Gesundheit in der Nähe des absoluten Glücks im Diesseits ansiedelt. Wenn wir die beschriebenen Risikofaktoren für uns beachtet haben, so heißt das leider noch nicht, daß wir damit völlig gesund sind. Aber statistisch imponierende Krankheitsfelder werden durch Risikoverhütung erheblich eingeschränkt. Erkrankungen von Herz und Kreislauf stehen heute als Todesursachen an erster Stelle. In den Industrienationen stirbt jeder Zweite an den Folgen einer Gefäßerkrankung wie Herzinfarkt oder Schlaganfall, jeder Fünfte dagegen an Krebs. Die gesellschaftlichen Folgen der Herz-Kreislauferkrankungen werden jedoch weniger durch die Tatsache als durch den Zeitpunkt des Sterbens und die Dauer des Leidens bestimmt. Darüber sagen die Brutto-Sterbezahlen nichts aus. Über die Zahl der durch Krankheit verlorenen, im Krankenbett zugebrachten Tage, gibt es nur Daten aus den USA.

Wir gingen von den Risikofaktoren aus, die aus Großuntersuchungen bekannt sind. Sie erfordern eine Massenstrategie. Wer die Gesundheit als Gabe und Aufgabe sieht, wird sich bemühen, von der Kindheit an bis ins hohe Alter die Risikofaktoren auszuschalten. Nur dann können wir Leben in die Jahre füllen. Das Problem der Risikofaktoren heißt: vorbeugen. *Vorbeugen aber heißt, den Lebensstil ändern.* Hinter den Risikofaktoren steht allerdings ein theoretisches Problem: Wir dürfen die Risikofaktoren nicht als einzige *Kausal*faktoren ansehen, d. h. wir dürfen nicht annehmen, daß die Risikofaktoren einzig und *eindeutig* die Ursache der durch Risikofaktoren bezeichneten Leiden sind. Das ist eben nicht immer eindeutig der Fall. Es gibt Menschen, die trotz der Risikofaktoren gesund oder bedingt gesund sind. Wir kennen alle Kettenraucher, bei denen - wie schon erwähnt - der Risikofaktor sich nicht auswirkt. Ganz offenbar muß hier noch eine weitere Störungsstelle vorhanden sein, die wir nur erahnen oder vermuten. Beim gegenwärtigen Stand der Forschung bleibt uns nur übrig, den beschriebenen Weg der Vorbeugung konsequent zu gehen. Es stört unsere Argumentation nicht, daß das letzte zwingende Glied in der Konstruktion eines Kausalzusammenhangs uns noch fehlt. Es stört uns ja auch nicht, daß die Medizin nicht Antwort auf alle möglichen Krankheiten weiß und daß es nur gegen ein Drittel aller Krankheiten eindeutig beschriebene Heilmittel gibt.

9 *Mein Herz - oder wenn es um Sekunden geht*

Mit einigen Einschränkungen kann man das Herz mit einer unermüdlich arbeitenden Pumpe vergleichen. Es pumpt ja tatsächlich große Mengen Blut in die Körperschlagadern, 5 bis 7 Liter pro Minute, dafür muß es gut mit Energie versorgt sein, besonders mit Sauerstoff.

Wie alle anderen Organe altert auch das Herz. Aber wie bei den anderen Organen hat man auch hier erkannt, daß diese Tatsache allein noch nicht zur Diagnose einer Herzkrankheit ausreicht. Das »Altersherz« spukt zwar noch in manchen Lehrbüchern, ist aber ein Phantom, es ist keine Krankheit und damit auch nicht behandlungsbedürftig. Früher gab es hier viele Mißverständnisse. Manche Therapeuten machten eben das Alter für Herzleiden verantwortlich und neigten dazu, dem Menschen von seinem 60. Lebensjahr an Digitalis zu verordnen - sozusagen als Vorbeugung. Das tut man heute nicht mehr, weiß man doch, daß das Alter des Herzmuskels selbst kein Krankheitsfaktor ist. Was sich jedoch im Alter ereignen kann, ist die Tatsache - und sie ist nicht selten -, daß sich eine Krankheit auf das gealterte Herz aufpfropft und so seine Tätigkeit einschränkt. Im Alter ist hier wie bei anderen Organen die Anpassungsfähigkeit herabgesetzt. Das Herz ist überfordert. Es muß bei Belastung eine größere Kraft aufbringen, um für die Durchblutung der Peripherie ausreichend zu sorgen. Das Schlagvolumen läßt nach, das Sauerstoffaufnahmevermögen als Brutto-Kriterium von Herz, Kreislauf und Stoffwechsel sinkt ab. Dieser Tatbestand beleuchtet noch einmal die Bedeutung der Sauerstofftherapie und des körperlichen Trainings.

Wie bemerkt man die Durchblutungsstörung des Herzmuskels, den Herzinfarkt?

Die Frage ist ebenso wichtig wie schwer zu beantworten. Am häufigsten ist die Begleitung von einem Schmerzanfall (sonst spricht man von einem stummen Infarkt). Der Schmerz selbst wird sehr unterschiedlich beschrieben: als drückend, beengend, als Einschnürung in der Brust; in der Behinderung freien Atmens, gelegentlich auch als Gefühl des Brennens »wie eine offene Wunde«. Andere Beschreibungen brauchen Vergleiche. Die Patienten schildern, es sei wie eine Faust, die das Herz zusammenpreßt oder wie ein Schraubstock. Die Schmerzintensität ist oft mit anderen Erscheinungen verbunden, teils mit Unruhe: der Kranke öffnet und schließt das Fenster fortwährend, empfindet teils eine Ausstrahlung der Empfindungen in den linken oder rechten Arm. Oft beschreiben die Kranken auch, ihr Herz stolpere wie ein Automotor mit defekter Zündung. Andere haben kalten Schweiß. »Mit ist schlecht, ich weiß auch nicht, was los ist«, ist eine häufige Formulierung. Der Puls ist beschleunigt.

Bei der Vielzahl der Schmerzbeschreibungen ist die Diagnose naturgemäß schwer. Handelt es sich um einen Kranken mit bekannter Brustenge (Angina pectoris), so kann man eine provisorische Diagnose treffen, wenn man eins von den üblichen Nitropräparaten gibt, die der Kranke ja ohnehin in greifbarer Nähe hat. Handelt es sich um eine Angina pectoris, so klingen die Beschwerden schnell ab, etwa in 5 Minuten. Bleiben die Beschwerden jedoch bestehen bis zu 30 Minuten oder länger, so ist der Hinweis auf einen Infarkt schon dadurch gegeben.

Was ist eigentlich ein Infarkt?

Unter einem Infarkt versteht man den plötzlichen Untergang von Herzmuskelgewebe durch eine Durchblutungsstörung. Die Vorstellung, es handele sich dabei um einen Gefäßriß ist dabei irrig: Es handelt sich um eine Verstopfung der Blutgefäße, woran die genannten Risikofaktoren beteiligt sind. Das ist sehr verbreitet. In der BRD registrieren wir jede 7. Minute einen plötzlichen Infarkttod, besonders bei Männern zwischen 20 und 60 Jahren. Dabei ist instruktiv, daß auch der Vater der Joggerbewegung in den USA bei einem Lauf mit 56 Jahren diesem Herztod erlegen ist. Offenbar sind weniger die mangelnde Aktivität sondern andere Risikofaktoren verantwortlich.

Wichtiger als eine nachträgliche Ursachenforschung ist für uns aber die Beantwortung der Frage: *Was kann ich tun?* Das Erkrankungsbild ist so vielfältig, daß - wie gesagt - die Diagnose oft schwerfällt. Andererseits kann man nicht lange zuwarten. Denn die Beschädigung des Herzmuskels läuft sehr schnell ab. Nach Tierversuchen an der Ratte rechnet man damit, daß der Vorgang nach 20 Minuten nicht mehr zu beeinflussen ist und dann das Geschehen seinen schicksalhaften Verlauf nimmt. Übertragen wir diesen Wert auf den Menschen, so ist mit Sicherheit zu sagen, daß in diesen kritischen 20 Minuten kein Arzt zur Verfügung steht, besonders nicht an Sonn- und Feiertagen. Genauer ist für den Menschen anzunehmen, daß das immer noch nicht ganz abgeklärte Geschehen in 7 bis 20 Minuten abläuft. Kann man einen solchen Infarkt verhüten? Zunächst wohl nur durch das Auslassen der Risikofaktoren, obwohl heute oft davon gesprochen wird, daß es sehr viele Menschen mit seelischem Infarktprofil gibt, besonders Ehrgeizlinge. Das trifft sicher nur teilweise zu.

Die vielen Untersuchungen über die Verhütung eines Infarkts beziehen sich fast alle auf die Verhütung des zweiten Infarkts (=Reinfarkts), sagen aber wenig darüber aus, wie ein Erstinfarkt unter realistischen Gegebenheiten zu behandeln ist. Der Erkrankte ist zunächst auf sich angewiesen. Die Intensivstation steht nicht abrufbereit vor seiner Haustür.

Manfred von Ardenne trägt dieser Situation Rechnung, indem er überlegt, wie der Patient selbst das Infarktgeschehen abbremsen kann. Auf der Suche nach einem schnell wirkenden und durch den Mund verabfolgbaren Medikament ist er auf das altbekannte *Herzglykosid g-Strophanthin* zurückgekommen, das als Strodivalspezial im Handel ist. Allerdings betont auch von Ardenne, daß »bestimmte Randbedingungen« erfüllt sein müssen. Seine abwägende Betrachtung sei zitiert: »g-Strophanthin, welches vor einem halben Jahrhundert hoch im Kurs stand, ist besonders durch die langsam wirkenden Digitalispräparate heute stark in den Hintergrund gedrängt worden. Diese Zurückdrängung ist merkwürdig, denn durch den sehr schnellen Eintritt der g-Strophanthin-Wirkung (etwa 6 Minuten nach Gabe) gegenüber 90 Minuten bei Digitoxin ergänzen sich zum Teil die Indikationsbereiche. Vor allem aber sind beim Strophanthin therapeutische Wirkungen nachgewiesen, welche bei Digitoxin nicht bekannt wurden. Das alte Vorurteil, daß über die Zunge aufgenommenes g-Strophanthin nicht sicher resorbiert wird, ist widerlegt. Bei der Einnahme der Strodival-Kapseln ist zu empfehlen:

1. Speichelreste im Munde verschlucken
2. Zunge mit einem trockenen Tuch abtrocknen
3. Inhalt einer angeschnittenen Kapsel über die abgetrocknete Zungenfläche verteilen
4. möglichst Hechelatmung, um die Aufnahme des Präparates zu beschleunigen.

Im Grunde handelt es sich hier noch um Prophylaxe. In Kombination mit anderen Mitteln, die der Therapeut zu bestimmen hat, kann aber die kritische Phase des Infarktgeschehens auf 2 Stunden verlängert werden, ehe die Standardmaßnahmen ergriffen werden müssen. Zeitgewinn aber bedeutet möglicherweise Lebensrettung. Eine Kombinationsbehandlung mit früh eingesetztem Strophanthin hat an einem Krankenhaus mit 270 Infarktpatienten eine Senkung der Sterblichkeit von 38 % auf 16 % ergeben. Schon 3 Minuten nach der Gabe des Mittels stellte sich in den Herzmuskelbezirken eine Verbesserung der Versorgung des Herzmuskels ein, was mit Digitalispräparaten nicht zu erwarten war. Schon Hoff hatte Strophanthin als Hafer, nicht als Peitsche für das Herz bezeichnet.

Was kann ich noch zur Herzpflege tun?

Das Wichtigste ist angedeutet. Wer aber auf eine gefahrlose Weise seine Herztätigkeit fördern möchte, sei auf Horst Jungmanns Arbeiten hingewiesen (Naturgemäße Heilmethoden, 1985), wovon hier nur das Kapitel über Kohlensäurebäder wiedergegeben werde: Es handelt sich dabei um ein zu Unrecht vernachlässigtes Bad mit guten Heilwirkungen: Die im Bad enthaltene Kohlensäure wird von den Hautvenen aufgenommen und in die Lunge transportiert; dort praktisch vollständig abgeatmet, so daß sie nicht das arterielle Blut und damit den Herzmuskel oder die steuernden Kreislaufzentren im Zentralnervensystem erreicht. Die niedrige, als behaglich empfundene Wassertemperatur zwischen 31 und 34° führt, unterstützt von der vermehrten Hautdurchblutung, zu einer *leichten Auskühlung ohne Frieren* und damit zu:

1. Abnahme des Sauerstoffverbrauchs
2. Verlangsamung der Herztätigkeit

Insgesamt wird also im Kohlesäurebad eine stark gesteigerte Hautdurchblutung erzwungen. So entsteht eine bessere Sauerstoffversorgung des Herzmuskels. Es tritt ein vermehrter Harnabfluß ein. Dieser Vorgang ist trotz Verminderung des Sauerstoffverbrauchs keine Folge der Stoffwechselsteigerung, sondern eine echte Wasserausschwemmung. »Damit ist das Kohlesäurebad für das Herz die schonendste Form und fördert die Kreislaufumstellung sowie die Durchblutung«. Das vermögen gefäßerweiternde Stoffe nicht zu erreichen: Und auch Saunaanwendungen vermehren die Herzarbeit. Im Kohlesäurebad haben wir für Durchblutung und Kreislauf ein hervorragendes Mittel ohne Risiko, d. h. bei weitgehender Schonung des Herzens.

Wann ist das Kohlesäurebad anzuwenden?

1. bei Bluthochdruck
2. bei Erkrankung der Herzkranzgefäße
3. bei Zustand nach Infarkt
4. zur Verhütung des Infarktes
5. bei leichteren Durchblutungsstörungen
6. nach Kreislaufstörungen im Gefolge eines Infektes

Bei Bluthochdruck muß die Maßnahme Hand in Hand mit anderen Maßnahmen gehen. Sie ersetzt nicht die sonstige Behandlung, begünstigt aber deren Ergebnisse. Ist der Blutdruck aber zu niedrig, braucht man anderseits keine Sorge zu haben, daß er kritisch sinkt.

Besonders gut sprechen leichte Verengungen der Herzkranzgefäße auf die Methode an. Beim frischen Infarkt ist Badbehandlung jeder Art verboten.

10 *Der Schlaganfall*

Zur Notfallmedizin gehört auch der Schlaganfall. Er ist nach den Herz-Kreislauferkrankungen und dem Krebs die dritthäufigste Todesursache in der westlichen Welt. Er ist nicht eigentlich an das Alter gebunden, so daß er auch schon für die Anfänger im Älterwerden wichtig ist. Neben der Tatsache, daß der Schlaganfall eine wichtige direkte Todesursache ist, muß aber auch berücksichtigt werden, daß er zu erheblichen chronischen Einschränkungen führen kann, zu einer großen Abhängigkeit von Hilfspersonen und damit zu einem sozialmedizinischen Problem erster Ordnung wird.

Der Ausdruck »Schlag« und die Wendung »Der Schlag hat ihn getroffen« erzeugen im Laien die Vorstellung, daß etwas aus dem Blauen auf den Erkrankten niedergegangen ist, plötzlich und meist mit lebensbedrohender Lähmung einer Körperhälfte. Aber so dramatisch muß es gar nicht immer zugehen. Ein Fall mag das erläutern: Ein 70jähriger Rentner, dessen Frau verstorben ist, lebt allein im Ruhestand. Er schildert: Als ich zu Bett ging, fühlte ich mich noch wohl. Am Morgen stand ich um 7 Uhr auf und ging nach unten, um mir eine Tasse Kaffee zu machen. Als das Wasser kochte, nahm ich die Decke vom Käfig meines Wellensittichs und versuchte, mit ihm zu sprechen. Ich spürte, wie meine Worte nicht richtig herauskamen. Ich machte den Kaffee. Als ich die Tasse in das Wohnzimmer bringen wollte, wäre sie mir fast aus der Hand gefallen. Eine Stunde saß ich auf dem Stuhl und fragte mich, ob ich vielleicht einen leichten Schlag hätte. Ich konnte mich anziehen und ging zum Postamt, um meine Rente abzuholen. Ich reichte mein Buch über die Theke, hütete mich aber zu sprechen. Die Dame, die mich jede Woche sah, sagte, ich sähe nicht gut aus. Ich versuchte zu antworten, aber die Wörter kamen falsch heraus, ich konnte die richtigen Wörter nicht finden. Als ich die Quittung unterschreiben wollte, konnte ich es nur schwierig. Man bot mir einen Stuhl an und rief einen Arzt.

Dieser Patient konnte von Glück reden. Er hatte nur einen leichten, vorübergehenden Anfall und konnte schon nach drei Wochen in seiner gewohnten Umgebung, in seiner gewohnten Selbständigkeit weiterleben. Er hatte also eine vorübergehende Durchblutungsstörung in einem Hirnbezirk, ein »Schlägele«, also keinen kompletten Schlaganfall. »Schlägele« können allerdings wiederkommen und sich dann nicht mehr reparieren lassen. Schmerzlich war, daß ein Mann wie Churchill im Alter von mehreren kleinen Schlaganfällen getroffen wurde, die sowohl sein Sprechvermögen wie seine Handbewegungen einschränkten.

Was liegt dem Schlaganfall zugrunde?

Von einem Schlaganfall reden wir bei einer plötzlichen Störung im Hirn, die länger als 24 Stunden dauert oder innerhalb von 24 Stunden zum Tode führt. »Plötzlich« meint hierbei, daß der Beginn schnell erfolgt, aber nicht innerhalb von Minuten oder Sekunden, sondern eher in mehreren Stunden. Die Zeitüberschreitung von 24 Stunden wird hineingenommen, weil wir es bei kürzerer Zeit mit der schon gekennzeichneten leichteren Form zu tun haben, eben dem »Schlägele«. Aber auch das Schlägele erfordert genaue Beobachtung, damit nicht eines Tages daraus ein kompletter Schlag wird. Ein 40jähriger Patient hat nach einem ersten kompletten Schlaganfall nur noch eine durchschnittliche Lebenserwartung von 6 Jahren, bei einem 80jährigen sind es nur 2 Jahre, insgesamt kürzt der komplette Schlaganfall das Leben um 14 Jahre.

Die Ursachen des Schlaganfalls sind nicht alle mit gleicher Sicherheit bestimmbar. Eines aber ist weltweit sicher: Der Bluthochdruck ist entscheidend verantwortlich, wobei besonders wichtig der obere (systolische) Wert ist. Er beschleunigt nämlich die Arteriosklerose im Hirnbereich. Die Blutfette haben dagegen eher eine Bedeutung für die Entstehung des Herzinfarkts. Das Schlägele ist ein erstes Alarmzeichen, hat aber gute therapeutische Aussichten. Als Risikofaktor ist heute neben dem erhöhten Blutdruck auch der erhöhte Blutzucker zu nennen. Das Alter scheint kein selbständiger Risikofaktor zu sein. Thomae und Mitarbeiter haben die Reaktionen von Schlaganfallpatienten auf ihre gesundheitliche Situation untersucht (Zs Gerontologie 1985, 18, 4). Eine Patientin berichtet, wie sie die Diagnose aufgefaßt hat: »Da hab' ich gedacht: der lügt. Hab' ich gedacht: das gibt's nicht, einen Schlaganfall kriegen alte Leute. Und dann hab' ich gedacht: ach was, steh mal auf, dann merkst du das schon, da bin ich aus dem Bett gefallen. Dann hab' ich gedacht: das kommt sicher vom Liegen, aber die Hand, die konnt' ich überhaupt nicht bewegen; da hab' ich gedacht: Ach, du hast einen Krampf in der Hand«. Das eindrucksvollste Ereignis ist hier wie anderswo, daß der Körper dem Willen nicht mehr gehorcht und die beabsichtigten Bewegungen nicht mehr ausführt.

Die eindrucksvollsten Erscheinungen sind einseitige Lähmungen. Verlust der Sprech- und Schreibfähigkeit. Dabei muß man wissen, daß die linke Hirnhälfte die rechte Körperseite kontrolliert, die rechte Hirnhälfte aber die linke. Weiter muß man wissen, daß die linke Hirnhälfte für die Sprechfähigkeit zuständig ist. 90 % der Bevölkerung sind Rechtshänder und haben ihr Sprachzentrum in der linken Hirnhälfte. Von den restlichen 10 % Linkshändern haben auch die meisten ihr Sprachzentrum in der linken Hälfte, nur wenige in der rechten Hälfte. Daraus erklärt sich der Ort, wo die Ausfälle erfolgen. Nun ein Fall, wo die rechte Hirnhälfte betroffen ist: Ein 57jähriger Angestellter in einer Flugzeuggesellschaft, der im 2. Weltkrieg Flugzeugpilot in der englischen Luftwaffe gewesen war, konnte sich eines Tages nicht mehr ohne Hilfe anziehen. In der Klinik konnte er besonders die linke Seite des Kopfes nicht mehr gut rasieren. Er schien überhaupt linksliegende Gegenstände nicht wahrzunehmen. Als man den ehemaligen Flieger aufforderte, eine Skizze von England und Schottland zu machen, war das Ergebnis erstaunlich dürftig: Er hatte die ganze Küste zu seiner Linken ausgelassen. Die ganze Westküste fehlte. Wenn er ein Haus zeichnete, so ließ er die linke Hälfte aus. Bei der Zeichnung eines Fahrrades entfiel das linke Rad usw. Der Patient konnte sich erholen, wurde aber nicht mehr voll arbeitstauglich. Wird also bei einem Schlaganfall die rechte Gehirnhälfte getroffen, so zeigen sich die körperlichen Ausfälle im linken Bereich.

Besonders eindrucksvoll sind die Sprachschwierigkeiten, die sich nach einem Schlaganfall einzustellen pflegen. Sie treten bei fast einem Drittel der Patienten auf. Auch hier ein Beispiel: Ein 64jähriger Pole lebte seit über 30 Jahren in England als Oberkellner. Er erlitt einen Schlaganfall der linken Hirnhälfte mit den Folgen der Sprechunfähigkeit und der Lähmung des rechten Armes. Er hatte in England allein gelebt, d. h. keinen Kontakt mehr gehabt mit einer polnisch sprechenden Gruppe, so daß Englisch seine Gebrauchssprache geworden war. Nach 10 Tagen kehrte seine Sprechfähigkeit allmählich zurück, nach zwei weiteren Wochen hatte sich diese Sprechfähigkeit leicht verbessert – aber er sprach Polnisch, seine Muttersprache, die er praktisch 30 Jahre nicht mehr benutzt hatte, und auch diese nur schwerfällig. Seine Kenntnisse der englischen Sprache kehrten nie völlig zurück und blieben dürftig. Die häufigen nach Schlaganfällen auftretenden Sprachschwierigkeiten lassen es als seltsam erscheinen, daß uns viel zu wenige Sprachtherapeuten zur Verfügung stehen (Logopäden) und dieses interessante Gebiet der Rehabilitierung nach einem Schlaganfall personell weltweit völlig unterbesetzt ist (Studienfach-Vorschlag).

Wenn nun der Hochdruck so offensichtlich einen Schlaganfall hervorruft, so liegt nahe, den Bluthochdruck des Patienten in der Klinik zu senken. Dafür gibt es wirksame Mittel. Aber eine unüberlegte Anwendung kann zu ernsthaften Verschlimmerungen führen. Wir führen den Fall einer 56jährigen Frau an, die mit hohem Blutdruck (220/140) eingeliefert worden war und eine leichte halbseitige Lähmung entwickelt hatte. Durch eine Spritze wurde der Blutdruck auf 90/60 gesenkt. Ein und eine halbe Stunde später war die Patientin schläfrig, leicht verwirrt und entwickelte eine starke halbseitige Lähmung. Sicher wäre hier eine vorsichtige Blutdrucksenkung auf 150/100 sinnvoller gewesen als diese Roßkur.

Man sollte bedenken, daß das Erleiden eines Schlaganfalls für viele Menschen den Beginn von Hinfälligkeit und Hilflosigkeit bedeutet mit der schmerzlichen Feststellung, wie sehr man auf fremde Hilfe angewiesen ist und welche einschneidenden sozialen Folgen das Geschehen hat. Für einige Formen des Schlaganfalls gibt es Vorboten - leider nicht für alle: akute Nackenschmerzen als Nackensteife und unerträgliche Kopfschmerzen. Aber das rechte Mittel, die Gefahr selbständig zu erkennen, ist die eigenhändig vorgenommene Messung des Blutdrucks.

In der jüngsten Zeit bietet sich noch eine andere Methode an. Mit einer eleganten Methode - wie sie etwa von Prof. Peter Maurer, München, durchgeführt wird -, kann man ohne Risiko für den Patienten mit einem Schallkopf die zu untersuchenden Arterien abtasten und Gefäßverengungen oder Verschlüsse auf dem Bildschirm sichtbar machen. Es ist eine echte Vorsorgeuntersuchung zur frühen Erkennung von Schlaganfall-Bedrohungen, und sie sollte ab dem 45. Lebensjahr durchgeführt werden.

11 *Achtung! Stufe!*

Wenn ein Kind beim Spiel stürzt und sich verletzt, so pflegen wir dem keine größere Bedeutung beizumessen. Gewöhnlich handelt es sich dabei um eine Bagatellverletzung: die Haut ist aufgeschürft, es blutet, Knochenbrüche sind selten und haben dann keine nachhaltigen Folgen. Allenfalls mag man bei offenen, d. h. blutenden Verletzungen daran denken, daß sie von schmutziger Erde infiziert sein können und den Arzt rufen, wenn keine Tetanus-Impfung vorangegangen ist.

Aber dieser für das Kind so harmlose Sturz kann für den alten Menschen lebensgefährdend sein. Warum das so ist, wollen wir zu verstehen suchen, denn erst durch Einsicht in das Geschehen können wir etwaige Vorsichtsmaßnahmen motivieren. Dabei kann nicht ein Minikurs in Anatomie, in Medizin unser Ziel sein, sondern die Vermittlung von Grundkenntnissen.

Zunächst halten wir die Tatsache fest, daß der Knochen in seiner Form nicht ein- für allemal festgelegt und damit stabil ist. Vielmehr ist auch er ein lebendes Gewebe und als solches in einem steten Erneuerungszustand begriffen. So wird an weniger belasteten Stellen Knochenmasse abgebaut und an anderen Stellen aufgebaut. Generell überwiegen im Alter die Abbauvorgänge. Das hat eine besondere Bedeutung: Die Bruchfestigkeit der Knochen nimmt ab. Das wirkt sich besonders an den Oberschenkelknochen aus. Lippert (Anatomie, München 1976) erläutert: »Beim Knochenabbau im Alter kann leicht soviel Knochen abgebaut werden, daß schon eine geringe Mehrbelastung zum Bruch des Schenkelhalses führt. Die Bruchheilung dauert im Alter sehr lange und bedeutet damit ein langes Krankenlager, das den alten Menschen körperlich und seelisch aus der Bahn wirft und so oft das Ende beschleunigt. Es ist ein schwacher Trost, daß die moderne Chirurgie Techniken entwickelt hat, künstliche Hüftgelenke einzusetzen«.

Die Folgen eines Sturzes können so groß sein, daß sie ein unabhängiges Leben im eigenen Heim unmöglich machen und daher tief in die Lebensgestaltung einschneiden. Wo ereignen sich nun die meisten Stürze? Zu 34 % draußen, zu 16 % im Garten, zu 18 % im Wohnzimmer, zu 12 % in der Küche, zu 12 % im Schlafzimmer, zu 7 % auf dem Flur. Das Bad ist nicht so unfallsträchtig, wie man zunächst vermutet. Damit haben wir das Umfeld abgesteckt, wo sich Stürze hauptsächlich ereignen. Es zeigt sich, daß das eigene Haus ein Gefahrenbündel darstellt. Manchmal sind hier die Ursachen leicht erkennbar: schlecht beleuchtete Stufen, eingeschränkte Sehfähigkeit, unebene Fußböden. So einfache äußere Faktoren sind durchaus ernstzunehmen. Aber es muß noch etwas anderes hinzukommen, denn sonst könnten wir nicht verstehen, warum gerade bei *Frauen* der gefürchtete Oberschenkelhalsbruch nach dem 50. Lebensjahr so oft eintritt. Zunächst: Die Ursachen für Stürze mögen oft banal sein, aber die Folgen sind oft fatal, indem sich Komplikationen entwickeln, etwa eine Lungenembolie aus einer tiefen Vene im betroffenen Bein.

Wie kommt es im Alter zu einer erhöhten Bruchanfälligkeit der Knochen?

Sehen wir vom Dentin des Zahnes ab, so enthält der Knochen fast das ganze Calcium des Körpers in mineralischer Form. Wir kennen bis jetzt noch nicht die Faktoren, die den Mineralhaushalt regulieren. Sie dürften sowohl chemischer wie zellulärer Art sein. Soviel ist sicher: auf das Knochengerüst haben auch die Geschlechtshormone Einfluß. Im Alter bleibt die Zusammensetzung des Knochens zunächst gleich, aber die Knochenmasse im Skelett wird geringer. Damit erklärt sich, daß wir in die Erde wachsen. Dieser Vorgang vollzieht sich bei der Frau schneller als beim Mann, und zwar dann, wenn diese nach den Wechseljahren weniger Hormon bildet. Dieses aber scheint mitverantwortlich zu sein für die Festigkeit und das Wachstum des Knochens. Das feste Knochengewebe wird von winzigen Poren durchsetzt und nimmt als Substanz ab. Diesen Vorgang nennt man Osteoporose, weil der Knochen eben porös wird wie ein feiner Schwamm. Naturgemäß nimmt damit die Festigkeit des Knochens ab, und damit sind ältere Menschen durch Stürze eher gefährdet als jüngere. Der Zusammenhang zwischen Knochenbrüchen und den weiblichen Wechseljahren ist eindeutig belegt. Auch das Röntgenbild läßt die Verdünnung des Knochens deutlich erkennen. Die Osteoporose ist die Hauptursache der Knochenbrüche nach den Wechseljahren und bildet ein riesiges, aber z. T. vermeidbares Gesundheitsproblem. In den USA weist die Statistik aus, daß von 1 Million Knochenbrüchen im Jahre etwa 70 000 auf Osteoporose bei Frauen über 45 Jahren entfallen. Merkwürdig ist die ungeklärte Tatsache, daß die Rate bei Zuckerkranken nicht ganz so häufig ist. In dem Buch von Notelovitz-Ware, »Aufrecht bis ins hohe Alter«, stellt ein Bild (S. 53, Goldmann Verlag) den Vorgang anschaulich dar: Dargestellt sind Mutter und Tochter, die Mutter 76 Jahre mit stark ausgeprägtem Buckel, die Tochter, 56 Jahre, ohne Anzeichen eines solchen. Die Mutter hat 14 cm von ihrer früheren Größe verloren und ist nur noch 1,47 m groß. Aber auch bei der Tochter läßt sich schon jetzt ein erheblicher Knochenschwund voraussehen.

Ingeborg Falck, die Mitherausgeberin der verdienstvollen Zeitschrift für Gerontologie, hat auf weitere Zusammenhänge hingewiesen. Sie stellt fest, daß der Tod durch Sturz an 6. Stelle steht. In ihrer Ursachenforschung betont sie, daß die meisten Stürze sich bei Frauen ereignen und bei 500 Stürzen mit Oberschenkelhalsbruch, 18 auf einen erniedrigten Blutdruck nach schnellem Aufstehen zurückzuführen waren. Ein solcher ist zu befürchten, wenn der Blutdruck zwischen Sitzen und Stehen um 20 mm differiert. Daher ergibt sich für diesen Personenkreis das Gebot, behutsam, d. h. langsam aufzustehen, damit sich der Blutdruck den neuen Bedingungen anpassen kann. Nebenbei ist auch bei Frauen eher als bei Männern ein solches Absacken des Blutdrucks zu beobachten. Die Anpassung des Blutdrucks an veränderte Verhältnisse ist da am schwierigsten, wo Trainingsmangel und längere Bettruhe vorliegen. Wer blutdrucksenkende Mittel nimmt, sollte wissen, daß nachts gegen 23 Uhr und 3 Uhr ohnehin ein Blutdruckabfall einsetzt, während die täglichen Hochdruckzeiten bei 12 Uhr und 18 Uhr liegen.

Wenn man bedenkt, daß die schwerwiegendste Folge des Sturzes der Oberschenkelhalsbruch ist und die Sterblichkeit hier bei den über 60jährigen zwischen 20 und 50 % liegt, so sollte man alle Möglichkeiten der Vorsorge ausschöpfen. Bei einem an sich erniedrigten Blutdruck empfiehlt Falck Aktivität als Vorsorge. Als sonstiges Mittel sind Strumpfhosen angezeigt, die wegen ihrer Druckwirkung ein rasches Absacken des Blutes in die Beine verhindern und daher zur Beseitigung des Blutdruckabfalls beitragen. Im übrigen beobachtet Falck auch Gangstörungen; »Etwa werden die Füße nicht mehr so hoch gehoben, wodurch der alte Mensch leicht über Schwellen stolpert. Auch beim Stolpern kann der alte Mensch schlechter als der junge kompensieren und das Gleichgewicht wiederherstellen. Die Extremitätenkontrolle reduziert sich im Alter. Die Haltungskontrolle nimmt im Alter ab«. Dazu kommen Veränderungen an den Füßen, die allerdings nicht altersspezifisch sind: Spreiz-, Senk-, Platt- und Knickfüße, die das Bücken erschweren.

Überlegungen zum gesunden Wohnen

In diesen Zusammenhang gehören noch einige Überlegungen über das rechte Wohnen. Wir gehen davon aus, daß die 400 und demnächst 600 Millionen Menschen über 60 Jahre ein Recht auf ein sicheres Wohnen, vor allem auf ein gesundes und unfallfreies Wohnen haben, wie es die Schweizer Zeitschrift »Finanz und Wirtschaft« ausgezeichnet ausführt:

»Bekanntlich nutzen Senioren ihre Wohnung intensiver als die Jungen. Daraus ergibt sich die Sozialforderung nach einem gemütlichen, sicheren Heim ohne Fallstricke und Sturzmöglichkeiten. Ein regelrechter Stein des Anstoßes ist schon die Türschwelle, welche nach Möglichkeit von einem Fachmann entfernt werden sollte, wenn sie aus der Ebene des Bodens herausragt. Ein weiterer Stein des Anstoßes ist der Parkettfußboden. Er wirkt zwar einladend schön, erfordert jedoch viel Pflege und kann zur gefährlichen Rutschbahn werden. Auch lose aufliegende Teppichbrücken können das Fliegen lehren. Die Anschaffung eines Spannteppichs bietet nicht nur größere Sicherheit, sondern auch Behaglichkeit. Gehkomfort und eine warme Temperatur unter den Füßen sind im Winter nicht zu verachten. Zudem ist der Staubsauger als Ersatz für mühsames Wachsen und Bohnern eine Erleichterung.

Der Winter bedeutet eine schwere Zeit für Senioren in Altbauwohnungen, soweit diese Wohnungen noch nicht Etagen-, Fern- oder Zentralheizung haben. Die Alternative ist hier der elektrische Heizkörper, der an jedes Stromnetz anschließbar ist. Wenn auch die Stromkosten hoch sind, dürften sie sich doch rechtfertigen. In Altbau-Küchen gibt es noch teilweise jene unbequem angebrachten Oberschränke, die nur schwer mit einer kleinen Leiter erreichbar sind: Turnübungen und Balanceakte aber sind Senioren nicht zuzumuten. Der Einbau einer neuen Küche bietet sich dann hier an, wo Geschirr, Pfannen und Lebensmittel möglichst auf einer Ebene griffbereit sind. Wo ein Mensch seine Beine und seinen Rücken stark strapaziert hat, hat er Recht auf Ruhe und Behaglichkeit in seinem Lieblingssessel, superkomfortabel.

Gleich hohe Ansprüche müssen an das Bett gestellt werden. Ein durchhängender Rost mit weicher Matratze ist ungesund. Senioren sollten möglichst flach und nicht zu weich liegen. Das Heben der Füße auf Herzhöhe hält die Blutzirkulation in Schwung: hier ist das Markenbett mit verstellbarem Lattenrost sowie mit der durch Knopfdruck verstellbaren Höhe der Fuß- und Kopfteile ideal. Wie man sich bettet, so liegt man.

Leider ist es auch wichtig, den Schutz vor Einbrechern zu bedenken. Türen in Altbauten besitzen oft nur primitive, leicht zu knackende Schlösser. Hier sollte ein sicherer Zylinder eingebaut werden und eine Sicherheitskette zum nur spaltbreiten Öffnen. Sie kann abschreckend auf unerwünschte Besucher wirken.«
Gewiß: Alle diese Dinge kosten Geld, zum Teil erhebliches Geld, das man von der Rente oder Pension nicht abzweigen kann. Es gab in der Bundesrepublik einmal eine Zeit, wo die Finanzminister, ein wenn auch bei weitem nicht ausreichendes Gewissen hatten und man den Senioren über 65 Jahre einen jährlichen Altersfreibetrag von DM 720,- bewilligte. Das üppige Geschenk ist seit 20 Jahren nicht angehoben worden. Heute müßte es ein Vierfaches betragen. Aber die Anhebung hat man in allen Parteien einfach vergessen. So einfach ist das.

Aus der bekannten altenfeindlichen Haltung des Staates ergibt sich als Folgerung: Die Alten sollten schon - wo es eben geht - vor dem Ausscheiden aus dem aktiven Erwerbsleben Gebrauchsgüter für das Alter erwerben, die man sich später - bei gedrosselten Bezügen - nicht mehr leisten kann. Die Planung der Altersfürsorge erfordert - wie schon ausgeführt - das Denken in langen Zeiträumen und großen Zusammenhängen. Wir müssen zur Kenntnis nehmen, daß das Altersbild im Westen sich erheblich geändert hat, und unsere desintegrierte Gesellschaft manches verdrängt, was sie diskutieren sollte.

12 *Der Mensch hat viele Häute abzuwerfen*

Das Wort findet sich bei Goethe und meint, daß der Mensch seiner selbst und der menschlichen Dinge nur einigermaßen sicher wird, bis er diese Häute abgeworfen hat. Das heißt, daß die Haut hier im übertragenen Sinne verstanden wird. Die Haut offenbart auch Seelisches.

Schnell wird also das Altern der Haut mit dem seelischen Zustand des Menschen in Zusammenhang gebracht. Davon unabhängig aber stellen wir das Alter der Haut in direkten Zusammenhang zum Lebensalter, wissen wir doch, daß etwa die Wundheilung in der Jugend schneller verläuft. Je älter die Haut wird, desto stärker verlangsamen sich die Heilungsvorgänge. Nach allem, was wir über die Schnelligkeit der Zellteilung gesagt haben, läßt dann auch die Teilungsrate – und damit der Heilungsprozeß – in dem Maße nach, je mehr die Haut altert. Wie das vonstatten geht, hat Krause in seinem Beitrag zu Lades »Handbuch Gerontagogik« (Obrigheim 1986) anschaulich dargestellt, so daß wir seine Fassung übernehmen können: »Die Oberhaut besteht aus mehreren Zellagen, die sich ständig durch Teilung der untersten Zellschichten von unten herauf erneuern. Ihre jeweils obersten Zellen werden als Hornzellen abgestoßen. Die Abhebung erfolgt normalerweise in unsichtbaren kleinen Schüppchen. Die wichtigste Veränderung ist die Verhornung der Zellen«. Und Korting sagt speziell zur Altershaut: »An keinem anderen Organ des menschlichen Körpers spiegelt sich klinisch der Altersvorgang so sichtbar wider wie an der Haut«. Die Rückbildung zeigt sich besonders am Schwund der Dicke der Haut, d. h. durch Volumenschwund der Zellen. Dazu gehört auch der Elastizitätsschwund. Falten- und Runzelbildungen gehören dazu. An den Händen

Foto 6: Landwirt aus dem Westerwald. Ein Gesicht mit vielen Falten, die das Leben eingeprägt hat. (Foto: W. Blechmann)

zeigen sich Altersverfärbungen, sog. Altersflecken auf den Handrücken.

Das alles sind keine Alterskrankheiten. Aber die Erscheinungen zeigen das Alter an. Wie aber sieht es bei Verletzungen und Verwundungen aus?

Die Regulation der Wundheilung ist heute noch weitgehend unbekannt, obwohl sie alltäglich ist. Wir kennen aber die einzelnen Schritte der Wundheilung und besonders das Endstadium der Narbenbildung.

Am Ende steht die Narbe. »Die Farbe von frischen Narben ist rötlich bis blaurötlich. Es dauert etwa 9 bis 18 Monate bis die Narbe hautfarben oder beinahe weiß wird. Dann spricht man von einer alten Narbe. In eine solche alte Narbe können sich in Folge der unzureichenden Gefäßversorgung mit zunehmendem Narbenalter wieder Pigmentierungen einlagern, so daß es zu bräunlicher Anfärbung kommt«. Walter Krause beschreibt in seinem

Beitrag »Altershaut« im Handbuch Gerontagogik instruktiv die ersten Altersveränderungen, die etwa im 4. Lebensjahrzehnt auftreten: »Die Altershaut ist charakterisiert durch ihre feine, pergamentartige Fältelung, ihre Schlaffheit und leichte Verletzlichkeit. Aufgehobene Hautfalten verstreichen nur langsam wieder, größere Blutgefäße sind sichtbar. Besonders im Gesicht vergröbern sich die Hautfalten stark, zuerst beginnt die Zeichnung um die Augen herum (Krähenfüße). Später bekommt die Haut ein charakteristisches Aussehen aus zahlreichen kreuz und quer durcheinanderlaufenden Falten, unter denen die Stirnrunzeln, die Lachfalten um den Mund herum und die kleinen Falten über der Nase besonders stark hervortreten. In dem schrumpfenden Bindegewebe vergrößern sich die Talgdrüsen. Die erweiterten Talgdrüsenausführungsgänge füllen sich mit schwärzlich umgewandeltem Talg, der als Mitesser besonders unter den Augen und an der Nase zu sehen ist. Die Hautfalten des Nackens vergröbern sich stark und führen zu einem rautenförmig sich überkreuzenden Muster. Gutartige Gewächse als Warzen sind jedem bekannt«. Krebserkrankungen der Haut sind keine eigentlichen Alterserscheinungen und sollen hier ausgespart bleiben.

Aber in unserer Zeit ist das Aussehen des Menschen sehr wichtig geworden, nicht nur, weil man das Jugendliche stärker schätzt als früher, sondern es gehört teilweise auch zum beruflichen Erfolg. Daraus erklärt sich die Vielzahl der kosmetischen Behandlungen. Beliebt ist das schönheitschirurgische Lifting, das mit einem Herausschneiden der Haut begleitet ist, verbunden mit einer Straffung. Das Ergebnis ist oft eine mehr oder weniger gespenstische Gesichtsstarre.

Wenn aber unsere Annahme richtig ist, daß wir so alt sind wie unsere Zellen, so liegt nahe, eben die Zellen auch bei der Revitalisierung des Gesichtes einzusetzen. Erstmalig hat Prof. P. Rothschild, Mexiko, ein solches Vorgehen auf der GEMOI-Tagung 1986 vorgeführt und erstaunliche Belege vorweisen können. Die verwandten Substanzen sind die uns auch sonst bekannten Biomoleküle, wie sie von der Firma Vitorgan hergestellt werden.

13 *Schulmedizin und andere Methoden des Heilens*

Es kann nicht der Sinn der wenigen folgenden Seiten sein, die Schulmedizin von den verschiedenen anderen Methoden abzuheben, um die Überlegenheit der einen oder anderen Methode darzustellen. Schulmedizin im engeren Sinne und Naturheilkunde im weiteren Sinne sollten kritisch aufeinanderzugehen. Aber mit dem Brückenschlagen, was unbedingt nötig wäre, klappt es gar nicht. Die Schulmedizin hat da alle möglichen Formen der Naturheilkunde aufs Korn genommen, zunächst natürlich in alter Feindschaft die Homöopathie, aber dann auch andere Methoden wir Akupunktur, Chelattherapie usw. Es ist kein Geheimnis, daß die Patienten den Schulmedizinern teilweise entlaufen und ihre Zuflucht bei den Naturheilkundigen suchen. Dafür muß es doch Gründe geben. Und diese Gründe sind sicherlich nicht immer in der Sache begründet, oft auch in der Person. Und der Naturheilkundige praktiziert ja keineswegs ins Blaue. In einem klassischen Aufsatz über »Oberbauchbeschwerden« (HP 86,3) betont Gierke, wie für jeden die Diagnose am Anfang stehen muß. Er stellt die 4 Ebenen der Leberdiagnostik dar: 1. den klinischen Befund, 2. die laborchemischen Befunde, 3. den morphologischen Befund sowie 4. die szintigraphischen und röntgenologischen Befunde.

Das ist die Basis, worauf auch die Schulmedizin nicht verzichten wird. Auf diesem Boden wird doch gemeinsam diskutiert werden können. Daß der Naturheilkundige auch häufige Nebenkriegsschauplätze der Beschwerden berücksichtigt, ist nur Zeichen seiner Umsicht. Am interessantesten ist dann die Behandlung, die sowohl auf homöopathischer Basis (mit hydrotherapeutischen Empfehlungen) wie auch mit Mitteln der Schulmedizin arbeitet, also ganzheitlich. Über Irisdiagnose usw. mag man dann in zweiter Linie sachlich streiten.

Nur eine Seite der Naturheilkunde sei hier erwähnt: die Homöopathie. Wir gehen davon aus, daß sie von der Schulmedizin wegen ihrer nicht immer nachweisbaren Wirkungen angegriffen wird. Wir gehen ferner davon aus, daß die naturwissenschaftlich-kritische Richtung (d. h. die Tiefpotenzler) den Ton bestimmt. Eins der Grundprinzipien ist: keine Schäden durch Medikamente setzen. Nun ist der alternde Mensch besonders empfindlich für Arzneimittel. Eine Dosierung, die für den jungen Menschen noch unschädlich ist, kann bei ihm schon zu einer Schädigung führen.

Woran liegt das?

Der Körper verfügt über Mechanismen, durch die er innere Normen mit einer gewissen Schwankungsbreite aufrecht hält: wie etwa den Blutgehalt des Zuckers, die Körpertemperatur und vieles andere. Diese Größen werden vom Alter kaum beeinflußt. Etwas wird jedoch im Alter anders: wenn diese Größen als Antwort auf Umweltfaktoren oder im Experiment sich ändern, so dauert es sehr viel länger, bis sie sich dem alten Niveau wieder anpassen. Daraus folgt einerseits, daß der Körper des alten Menschen längere Zeit braucht, um in Streßsituationen sich den veränderten Bedingungen anzupassen. Das Konstanthalten von Lebensbedingungen wird offenbar schwerer. Somit kann auch die Wirkung der Medizin in eine nicht gewollte Richtung (überschießend) gehen. Aber auch Nebenwirkungen sonstiger Art können auftreten. Nach einer Schweizer Studie (»Ärztliche Praxis«) gibt es bei jedem 6. Krankenhauspatienten bei ärztlicher Behandlung Gesundheitsschäden. Davon entfallen zwei Drittel auf die Krankenhausbehandlung, ein Drittel entfällt auf den Hausarzt. Bei sieben in die Untersuchung einbezogenen Kranken (rund 1600) wurde nicht ausgeschlossen, daß die Behandlung sogar den Tod begünstigt hat. Viele dieser Nebenwirkungen werden als vorhersehbar, aber nicht unbedingt als unvermeidbar angesehen. Vorrangig sind Hautleiden und Infektionen der Harnwege davon betroffen. Als groben Unfug muß man es bezeichnen, wenn bei einer Untersuchung einer Frau durch den Frauenarzt die Patientin nicht zum spontanen Urinlassen aufgefordert wird, sondern der Arzt ohne Vorwarnung einen Katheter zur Entleerung der Blase einführt. Man kennt die vielfachen Infektionsgefahren eines solchen Verfahrens, und es ist schlechterdings unerfindlich, warum man ohne Not eine Katheterisierung vornimmt. Hier liegt die Schuld am konkreten ärztlichen Vorgehen.

Sehr oft werden die Schäden durch Medikamente gesetzt. Sie haben, oft noch nach ihrer kontrollierten Einführung, erhebliche Nebenwirkungen, die sich erst später herausstellen. Katastrophal war die Wirkung eines längst aus dem Handel gezogenen Schlafmittels (Contergan), das seine Anwendung auch bei schwangeren Frauen fand. Bei den Kindern zeigten sich Mißbildungen, vor allem an den Gliedmaßen, so daß sie gleich als Krüppel zur Welt kamen. Hier war die Schädigung der Frucht im Mutterleib vorausgegangen, von der kein Mensch eine Ahnung hatte. Die furchtbaren Folgen einer solchen Medikation können nicht verharmlost werden. Sie sind ein Warnsignal für alle Medizin. Alle Medizin hat (mit Ausnahme der homöopathischen) eine i. allg. erwünschte Hauptwirkung und eine i. allg. unerwünschte Nebenwirkung. Bock führt aus: »Was ist eigentlich die Hauptwirkung und was die Nebenwirkung des Atropin? Der Augenarzt, der Atropin zur Pupillenerweiterung braucht, sieht darin die Hauptwirkung und in der Trockenheit des Mundes die Nebenwirkung. Für den Internisten, der Krämpfe des Magen-Darmkanals mit Atropin behandelt, ist die Trockenlegung der Schleimhäute bald erwünscht, bald unerwünscht. Die Erweiterung der Pupille kann aber für ihn die wichtigste zu bedenkende Nebenwirkung sein, weil sie die Autofahrtüchtigkeit seines Patienten gefährdet oder ein Glaukomanfall ausgelöst wird«. Solche Erwägungen lassen uns darauf drängen, daß möglichst nur Mittel gegeben werden sollten, die praktisch frei von unerwünschten Nebenwirkungen sind. Dazu gehören Bromeküle, aber auch homöopathische Substanzen.

Aber können denn Mittel, die keine Nebenwirkung haben, überhaupt wirken?

Der Vorwurf wird gelegentlich gegen die Homöopathie erhoben, also gegen die Methode, die Stephan Wagner als erste Säule im Therapiegebäude des Heilpraktikers nennt. Nun hat man in der Vergangenheit zwar die Unschädlichkeit der homöopathischen Mittel nicht bestritten, wohl aber deren Wirksamkeit. Wir sind heute in der Lage, mit diesem Vorurteil aufzuräumen. Erst in jüngerer Zeit wurde der Wirksamkeitsnachweis so geführt, daß keiner mehr daran vorbeikommt. Auch für die Homöopathie, die durch das neue Heilmittelgesetz den anderen Methoden gleichgestellt wird, wird der Wirkungsnachweis gefordert. Gebhardt, ein Vertreter der homöopathischen Richtung, bemerkt dazu: »Diese Forderung ist grundsätzlich berechtigt, denn jedes Heilverfahren kann sich auf die Dauer nur unter ständiger kritischer Überprüfung bewähren. In jede ärztliche Behandlung geht ja immer auch die Person des Arztes und seine Ausstrahlung, seine suggestive Kraft ein. Will man eine Heilweise oder ein Arzneimittel objektiv beurteilen, so muß man versuchen, diese spezielle Wirkung der Arztpersönlichkeit auszuschalten. Erfahrungsgemäß klingt die suggestive Wirkung des Arztes im Laufe einer unwirksamen Behandlung ab.« Das gilt für jede kritische Beschreibung von Arzneimittelwirkungen.

Daß auch für die Homöopathie ein Wirkungsnachweis möglich ist, zeigt sich z. B. in der Arbeit von an der Lan, wie sie in dem Buche »Beweisbare Homöopathie« niedergelegt ist. Daraus sei hier angeführt, was besonders eindrucksvoll erscheint: an der Lan hat in einem Experiment Regenwürmer mit einem stark verdünnten Pflanzenschutzmittel bepinselt. Das führte in 2 bis 6 Tagen zum Tod der Tiere. Sie verfallen zunächst in krampfhafte Zustände oder rollen sich stark ein und sind nicht mehr im Stande, sich in das Erdreich zurückzuziehen. Unter dem Mikroskop zeigen sich Veränderungen der oberen Zellschicht, die zu Wucherungen auswachsen, zu Geschwüren werden, die in 5 bis 6 Tagen aufplatzen, was zu einem raschen Verenden der Tiere führt. Dabei sind Jungtiere empfindlicher als ausgewachsene. Nun wurde in verschiedenen Versuchsreihen ein homöopathisches Kombinationsmittel (Regenaplex 510 a) eingesetzt. Die Ergebnisse waren eindrucksvoll: Ohne Behandlung traten bei den Tieren nach Bestreichung mit dem Pflanzenschutzmittel die krampfhaften Bewegungen ein, und die Tiere lagen nach 10 bis 12 Stunden matt und regungslos in der Versuchsschale. Der Tod trat in der angegebenen Zeit ein. Völlig anders verlief das Experiment, wenn die Tiere nach ihrer Vergiftung mit einer Verdünnung von 4 Tropfen Regenaplex 510 a gepinselt wurden und zwar in 250 ml Wasser, also in stärkster Verdünnung. Jetzt erfolgte eine rasche Entgiftung, so daß die überwiegende Zahl der Tiere am Leben blieb (nur die jüngeren gehen ein). Schon nach wenigen Tagen zeigen die behandelten Tiere eine völlig normale Aktivität. Außerdem läßt sich beobachten, daß die Zellschäden an der Hautoberfläche ausheilen. Interessanterweise ist die Erholung besser und augenfälliger, wenn das Mittel *nach* der Vergiftung angewandt wird, also nicht vorbeugend. Auch hier verstehen wir – wie bei vielen anderen Heilmitteln – den Wirkungsmechanismus noch nicht. Auf jeden Fall handelt es sich um den jederzeit reproduzierbaren Nachweis der Wirksamkeit.

Auf solchem Boden wird sich die Homöopathie weiter und weiter konsolidieren. Das heißt nicht, daß sie die einzig mögliche Therapieform in jedem Falle sein wird. Keiner würde je auf den Einfall kommen, eine fieberhafte, akute Lungenentzündung homöopathisch anzugehen. Und auch der homöopathische Therapeut ist an dieselben Verpflichtungen zur präzisen Diagnosestellung gebunden wie sein Kollege von der Schulmedizin. Daß er zusätzliche Diagnosebestimmungen heranziehen mag, ändert daran gar nichts.

Bei dem Wirkungsnachweis unterscheiden wir aber auch zweckmäßig zwischen akuten und chronischen Krankheiten. Gerade bei den im Alter auftretenden Vielfacherkrankungen mit ihren Tendenzen zum Chronischwerden sind homöopathische Mittel angezeigt. Ihre Stärke liegt darin, daß sie die gesamte Reaktionslage des Körpers beeinflussen bei Freisein von schädlichen Nebenwirkungen, die wir sonst stets zu gewärtigen haben. Viele Substanzen haben sich bewährt: etwa bei Erkältung und geschwächtem Abwehrsystem frühzeitig Echinacea, auch als Injektion, dem Penicillin der Homöopathie; bei Erschöpfungszuständen Acidum phosphoricum usw.

14 *Werden wir mit den Jahren dümmer?*

Wenn der Untertitel dieses Buches heißt »Leben in die Jahre füllen«, so können wir uns nicht damit begnügen, nur die körperliche Seite des Gesund- oder Krankseins zu beschreiben. Menschen, die älter werden, beklagen oft das Nachlassen der intellektuellen Kräfte. Da heißt es oft: »Ich vergesse so schnell«. – »Es fällt mir schwer, einen Namen ins Gedächtnis zu rufen, obwohl ich den Menschen klar vor Augen habe«. So und ähnlich klingen die Beschwerden. Solche in der Öffentlichkeit wiederholten Klagen erzeugen ein stereotypes Bild: Das Wort vom »Abbau der geistigen Fähigkeiten« setzt sich durch. Werden die Merkstörungen sehr deutlich, dann spricht auch der Mediziner vom »komplett Abgebauten«. Um es vorweg klarzustellen: nicht jeder ältere Mensch ist – so wenig wie der jüngere – immer gleich leistungsfähig und rüstig. Aber ehe man sich das Abziehbildchen vom geistigen Abbau zueigen macht, sollte man sich zuerst vor Augen führen, wie Hirnschwäche im Alter wirklich aussieht und dann, wie selten oder wie häufig solche ernsthaften Alterserscheinungen eintreten.

Damit fragen wir:

1. nach dem *Erscheinungsbild* der intellektuellen Schwäche im Alter,
2. nach deren statistischer *Häufigkeit.*

Zum Erscheinungsbild seien statt langer Beschreibungen zwei Extremfälle aus der Praxis mitgeteilt:

Den 1. Fall entlehnen wir dem Neurologen N. Müller, wie er ihn im Protokoll einer ärztlichen Konsultation berichtet: »Die Patientin betrat mit ihrem Sohn sehr freundlich das Zimmer.

Nach der Vorstellung sagte sie einige Belanglosigkeiten über das Wetter und das schöne, gemütliche Studio und setzte sich dann vor den Schreibtisch. Dort lag ihr nahe ein länglicher Tageskalender. Sie griff nach einem Kugelschreiber und fragte: Wo darf ich mich eintragen? – Sie kam sich vor wie in einem Hotel. Später erwähnte sie, jetzt käme doch die Zeit der Frühlingskleider, sie müsse sich bald neu einkleiden. Auf die Frage nach Weihnachten sagte sie: Das ist noch lange. Auf den Einwand, Weihnachten komme doch vor dem nächsten Frühjahr, sah sie lächelnd auf und sagte: Das letzte Frühjahr war ja auch so verregnet. So zog sich das Gespräch noch lange hin, sie war immer freundlich, hatte auf jede falsche Antwort einen Spruch voller Belanglosigkeiten und schien dabei ganz zufrieden. Nur als ihr Sohn sie mehrmals zurechtwies, wurde sie böse und wies ihn ihrerseits zurecht. Nur durch die Bemerkung, die Jugend wisse immer alles besser, konnte sie dann wieder beruhigt werden.

Ein zweiter Fall: Eine mir seit Jahrzehnten bekannte ältere Dame klagt ohne große Einleitung: »Herr Doktor, mein Blutzucker ist schon wieder bei 180« und reicht mir als Beweis ihren »Zuckerpaß«. Meine beschwichtigende Erklärung, ein einzelner Wert neben den vielen guten Werten habe doch nicht viel zu besagen, wurde nicht beachtet, denn sie fuhr ohne Übergang fort: Und meine Tochter läßt sich auch nicht mehr bei mir sehen. Meine Frage, was denn ihre Tochter mit ihrem Blutzucker zu tun habe, wurde ignoriert. Statt einer Antwort bekundete sie, die Gardinen müßten nun wieder gewaschen werden – »und dann will unser Hauswirt auch noch die Miete erhöhen«. Diese Kranke leidet an Diabetes, Herzinsuffiziens, Harninkontinenz und vegetativen Schlafstörungen.

Beide Fälle müssen verschieden gedeutet werden. Aber gemeinsam ist ihnen die konfuse, alle logischen Zusammenhänge entbehrende sprachliche Äußerung. So sieht ein intellektuelles Versagen aus, das sich als senile Demenz darstellt und für den Gesprächspartner schon wegen der Kommunikationsschwierigkeiten so eindrucksvoll ist, daß es sich ihm einprägt und er es gewissermaßen generell dem alten Menschen zuordnet. Es erscheint ihm als der natürliche Tribut an das Alter, wo der gealterte Mensch trottelhaft vor sich hinsabbelt und sich keiner echten Diskussion mehr stellen kann. Nicht gefragt wird dabei, ob das nun organisch so sein muß. Nicht bedacht wird auch, daß viele Menschen erst im späten Alter ihre Höchstleistungen erbracht haben, wie wir sie etwa bei Tizian, Chagall, Fontane, Humboldt und anderen sehen. Deren »Spitzenleistungen« widerlegen zwar nicht eindeutig das Vorurteil von der Altersbedingtheit dementieller Erkrankung - zwingen uns aber logischerweise, diese nicht als unabdingliche Alterserscheinungen anzusehen, an denen nun kein Weg vorbeiführt. Allerdings wird nun naturgemäß Ärzten, Krankenpflegern usw. nur die »negative« Auslese vorgestellt, wie wir sie in unseren beiden Fallstudien brachten. Aber eben aus dieser Auslese ergibt sich schnell der Eindruck der »überwältigenden Mehrheit«. Abnorme Eindrücke prägen sich eben besonders stark ein.

Muß es immer so sein?

In Wirklichkeit sind die zitierten Negativbefunde keineswegs repräsentativ. Sie stellen eine - wenn auch eindrucksvolle - *Minderheit* dar. Oft wird in der Laienpresse argumentiert, daß an den Erscheinungen der Verlust der Nervenzellen im Alter schuld sei. Das Argument faßt nicht, zwingt uns aber zu einem kurzen Rückblick auf die Physiologie des Hirns und die Statistik. Wir müssen davon ausgehen, daß wir in der frühen Kindheit einen Bestand von etwa 100 Milliarden Nervenzellen im Hirn haben. Jeden Tag unseres Lebens gehen etwa 15 000 dieser Nervenzellen unwiderruflich verloren. Wir sagen »unwiderruflich«, weil diese Nervenzellen zu jener Zellart gehören, die kein Teilungspotential hat. Daher können sie sich nicht wie die anderen Zellen erneuern. Aber bei diesem riesigen Vorrat an Zellen, der uns als Vorrat im

Hirn zur Verfügung steht, kann man den täglichen Verlust nicht dramatisieren und sicher auch nicht für Hirnstörungen im Alter verantwortlich machen.

Die Forschung hat ergeben, daß eine evtl. Minderleistung des Hirns nicht erst mit 40 oder 60 Jahren entsteht, sondern dem Menschen angeboren ist und sich biographisch bis in die Jugend verfolgen läßt. Wenn verminderte intellektuelle Leistungsfähigkeit eintritt, so sind zunächst andere Faktoren als das Altwerden zu berücksichtigen: der Gesundheitszustand, der Bildungszustand, der Beruf, die Art der intellektuellen Motivation, die Ausgangsbegabung. Ohne in die sicher schwierige Bewertung der Einzelfaktoren eintreten zu können, sei das statistische Ergebnis festgehalten: Rund 77 % der im Alter festgestellten verminderten Intelligenz ist *nicht* auf das Lebensalter zurückzuführen. D. h. daß die in unseren beiden Fallstudien vorgeführten Intelligenzdefekte noch nicht einmal ¼ der Erkrankungen ausmachen, die wir etwas leichtfertig als Intelligenzverlust im Alter bezeichnen. Das ist eine kapitale Erkenntnis, die in die Korrektur des gängigen Bildes vom alten Menschen einfließen muß.

Mein Gedächtnis hat nachgelassen

Wer so klagt, dem ist zuerst die Frage zu stellen: Wie stand es früher damit? Jeder weiß, daß etwa das Wissen, das nur zu Examenszwecken angeeignet wurde, bald wieder vergessen war. Keiner von uns weiß noch immer alles, was er jemals gewußt hat. Das ganz allgemeine Modell des Vergessens schimmert hier durch: man vergißt nicht, woran man interessiert ist oder was einen tief betrifft. Das ist natürlich noch nicht das Ganze des komplizierten Problems. Wir unterscheiden zweckmäßig zwischen unterschiedlichen Gedächtnisstufen: da ist zunächst das Kurzzeitgedächtnis mit einer Speicherzeit von 6 bis 25 Sekunden. Hier wird das aktuelle Bewußtseinsgeschehen erfaßt. Die Informationen laufen unter Vermittlung der Sinnesorgane ein oder sie werden kurzfristig aus dem Langzeitgedächtnis reaktiviert. Das mittelfristige Gedächtnis hat eine Speicherzeit zwischen 5 Minuten und 24 Stunden und wählt aus den eingehenden Informationen nur die aus, die dem Individuum relevant erscheinen. Erst das Langzeitgedächtnis speichert nach Kontrolle durch das mittelfristige Gedächtnis Informationen für Monate, Jahre und Jahrzehnte. Wie es geschieht, daß Informationen von dem einen in das andere Gedächtnis überführt werden, ist noch ungeklärt und soll uns hier nicht weiter beschäftigen. Jedenfalls handelt es sich noch um rätselhafte Vorgänge, die aber mit keiner Art von Intelligenzstörung etwas zu tun haben, ebensowenig wie der sagenumwobene ältere Professor aus dem deutschen Anekdotenschatz etwas zum Kapitel Hirnstörungen beitragen kann.

Dabei ist nicht einmal alles Anekdote, was als solche gilt: der produktivste deutsche Philosoph des 20. Jahrhunderts, Max Scheler, wurde oft dabei beobachtet, wie er beim Verlassen seines Stammcafés in Göttingen völlig ratlos vor dem Garderobenständer stand. Er konnte sich nicht erinnern, ob er nun einen Hut beim Betreten des Lokals getragen hatte oder nicht. Bedeutete ihm aber sein Begleiter, er habe einen getragen, so fiel es ihm schwer, ihn aus der Fülle der Hüte herauszuerkennen. Was sich hier zeigt, spiegelt den psychologischen Ansatz des Vergessens, hat aber mit Intelligenzschwäche nichts zu tun.

Im übrigen sollte man den Befund »Intelligenzschwäche« zunächst dem Begriff »Anpassungsschwäche« zuordnen. Denn wir wissen, daß im Alter ganz allgemein nicht so sehr Organerkrankungen zunehmen, als daß die Anpassungsbreiten der Organtätigkeiten abnehmen. Wie wir schon ausführten, wird die Aufrechterhaltung der inneren Konstanten schwieriger. Man muß daran denken, daß Merkschwäche nicht immer im Hirn zentriert sein muß. Auf breitem therapeutischem Boden hat Friesewinkel das Problem erörtert: Herztherapeutika werden verordnet, um die koronare Anpassungsfähigkeit zu vergrößern. Orale Antidiabetika werden verordnet, um die Anpassungsreserve des

Zuckerkranken zu erhöhen und nicht primär, um den Glukosespiegel in physiologischen Normen zu halten und sicher auch nicht, um diabetische Spätschäden zu verhindern. Auf dem Boden der im Alter verbreiteten Multimorbidität stellt sich aber auch die Frage, ob überhaupt hirnorganische Störungen für das Nachlassen der Merkfähigkeit verantwortlich sind. Was geht auf eine eventuelle Depression zurück, was ist schon Arteriosklerose, und was geht möglicherweise auf andere Erkrankungen wie Herzinsuffizienz, Durchblutungsstörungen, Diabetes usw. zurück? Hier wird tatsächlich ärztliches Handeln zu einer Kunst, die – fügen wir hinzu – einen großen Schatz von Erfahrungen voraussetzt.

Eindrucksvolle Ergebnisse

Es ist immer höchst eindrucksvoll, wenn ein Patient, der über Vergeßlichkeit und dgl. klagt, nach einer gar nicht am Hirn orientierten Therapie wieder an seiner Umwelt teilnimmt, plötzlich auflebt, sich sachlichen Fragen zuwendet und diskutiert. Wo ein Lernbedürfnis erwacht, ist ein wichtiges Therapieziel erreicht. Das ist wichtiger als der statistisch ermittelte Wert einer Versuchsreihe. Wenn eine pharmazeutische Firma ausführt, »Altersvorgänge im Gehirn setzen die geistige Leistungsfähigkeit herab, geringere Lebensfähigkeit und Beeinträchtigung im Sozialverhalten sind die Folge«, und wenn sie gleichzeitig unter den Ursachen an erster Stelle »sklerotische Veränderungen« anführt, so vereinfacht sie erheblich. Damit fassen wir zusammen, daß normalerweise ein intellektuelles Versagen im Alter keine Funktion des gealterten Gehirns ist, daß sich also nicht schicksalhaft mit dem Alter eine intellektuelle Minderleistung einstellt. Sollte sie sich aber doch einstellen und nicht von anderen Organen stammen, wo sollte dann im Hirn der Grund der Minderleistung zu suchen sein? Zur Orientierung greifen wir auch hier auf die klassischen

Untersuchungen Lindners zur Alterung der Organe zurück und heben das hervor, was er über das Hirn sagt. Theoretisch könnte ja die Minderleistung auf der geschwundenen Hirnmasse beruhen, in der schlechteren Durchblutung oder in der gestörten Ernährung der Zellen. Lindner äußert sich über die Altersvorgänge beim Hirn: »Hier sind wie bei keinem anderen Organ Aussagen über Altersvorgänge nach den bisherigen morphologischen (aber auch biochemischen) Befunden unvollständig, widersprüchlich und ergänzungs- bzw. revisionsbedürftig und damit unhaltbar für sicher gehaltene Schlußfolgerungen zur Morphologie und Funktion der Hirnalterung. Am stärksten steigt das Hirngewicht vom 1. bis zum 10. Lebensjahr und bleibt nach dieser raschen Wachstumsperiode dann lange Zeit konstant, mit einer geringen Anstiegstendenz vom 80. bis zum 90. Lebensjahr, also im hohen Greisenalter«.

Daraus wird deutlich, daß eine wesentliche Reduktion der Hirnmasse nicht stattfindet, vor allem aber, daß keine Geschlechtsunterschiede beim Menschen vorliegen. Den Frauen wird damit bestätigt, daß die von den Männern beanspruchte größere Hirnmasse (»Spatzenhirn der Frau«) nur ein solider männlicher Mythos ist. Aus den Analysen folgt aber auch, daß für die Erhaltung der Hirnleistung nicht die Hirnmasse an sich verantwortlich sein kann. Wie sieht es mit der Hindurchblutung und Zellernährung aus? Entgegen einer weitverbreiteten Meinung entwickelt sich eine eventuelle Hirninsuffizienz kaum durch eine Minderdurchblutung des Hirns, sondern durch die Störung der Glukoseaufnahme und deren Verwertung. Porcher fördert hier unser Verständnis, indem er zunächst eine statistisch höchst interessante Feststellung macht. Bei Hirnleistungsinsuffizienz ist eine Störung des Hirnstoffwechsels viermal häufiger als eine Beeinträchtigung der Hirndurchblutung. Was er dann auf makromolekularer Ebene diskutiert, hat therapeutische Konsequenzen.

Folgerungen

Es kommt weniger darauf an, die Hirndurchblutung zu fördern als die funktionelle Leistung der Hirnnerven zu verbessern. »Wie der neuronale Stoffwechsel sich verbessert, bessert sich auch durch Mediatoreneffekte die lokale zerebrale Durchblutung«. Das ist plausibel. Wenn man bedenkt, daß das Hirn nur 2 % des Körpergewichtes ausmacht, aber 20 % des Blutes durch diesen Bezirk fließen mit Sauerstoff und Glukose als Energieträgern, so folgt daraus, daß man jetzt nur Trägersubstanzen braucht, die die tatsächliche Blut-Hirn-Schranke passieren können und kurativ oder präventiv die Zellernährung sichern. Am ehesten gelingt das mit niedermolekularen Spaltprodukten des Eiweißabbaus und der Fette. Sie finden sich im Zelleib. Hier gibt es außerdem elegante Beweise für die Organspezifität, d. h. für die Tatsache, daß die Extrakte auch tatsächlich da im Körper zur Wirkung kommen, wo sie benötigt werden und nicht irgendwo sonst. Unter solcher Therapie verbessert sich besonders das Kurzzeitgedächtnis und die Kombinationsmöglichkeit, unter der Voraussetzung, daß die Störungsquellen nicht in anderen Organen liegen.

Überprüfen unserer Intelligenz

Allzu verlockend für den Laien ist es zu überprüfen, ob denn auch schon eine meßbare Verbesserung seiner Hirnleistung nach einer bestimmten Behandlung eingetreten ist. Wo Illustrierte solche Prüfungen in Form von Quizfragen anstellen, können sie der Aufmerksamkeit ihrer Leser sicher sein. Am Anfang der Quantifizierung der intellektuellen Leistungsfähigkeit steht der sog. Intelligenzquotient, der das bekannte Lebensalter in Beziehung setzt zu einem experimentell zu ermittelnden Intelligenzalter, also eine bekannte Größe zu einer unbekannten, noch zu ermittelnden Größe. Es geht da mehr oder weniger um eine Materialisierung der Messung, die gerade, wenn sie nicht ganz präzise durchgeführt wird, namentlich beim Erwachsenen wenig Aussagekraft hat, hat man doch nachweisen können, daß viele Nobelpreisträger einen dürftigen Intelligenzquotienten hatten. Anderseits gibt es auch verfeinerte Methoden, die sehr wohl die partielle Beurteilung intellektueller Tätigkeiten erlauben. Die Altersforscherin Ursula Lehr hat bereits 1969 nachgewiesen, daß es sich namentlich im Bereich der psychomotorischen Tätigkeiten im Alter weniger um einen Leistungs*abbau* als um einen diskreten Leistungs*umbau* komplizierter Art handelt. Trotzdem haben die Vorurteile, die Alten bauten ab, ein langes Leben. Sie stützen sich auf Statistiken, und hier liegen die Fehlerquellen.

Falsch beurteilte Tests

Der Psychologe Stemme hat die Fehlerquellen analysiert: Legt man gewisse Tests Menschen aus verschiedenen Altersstufen vor, dann stellt man fest, daß – wie die öffentliche Meinung will –, die Intelligenz mit zunehmendem Alter nachläßt. Daraus schließt man: Intelligenz wird aufgebaut – und dann – im Alter wieder abgebaut. Das schließt man aus Querschnittsuntersuchungen verschiedener Generationen. Benutzt man aber eine andere Meßmethode, die sog. Längsschnittuntersuchung, dann zeigen sich andere Ergebnisse. Hier werden nämlich die Ergebnisse bei denselben Personen, aber in verschiedenen Lebensaltern gemessen. Und da zeigt sich eben keine Verschlechterung der Intelligenzleistung, in einigen Bereichen sogar eine Verbesserung. Intelligenzleistungen, die mit dem Wortschatz, der Bildung und Ausbildung zu tun haben, verblassen ohnehin nicht so schnell, wie angenommen wird.

»In einigen Bezirken gibt es im Alter eine Steigerung der Denkleistung, lediglich bei Aufgaben, die den Wechsel eines Denkprozesses zu einem anderen Denkvorgang erfordern, gibt es eine leichte Verschlechterung. Die Flexibilität des Denkens erfährt also einen gewissen Abbau, keineswegs aber die Gesamtleistung des Intellekts«. Zu beobachten ist aber auch, daß die geringfügige Verlangsamung in unerwartete Ecken und auf neue Wege führen kann, was exakt das Zeichen für zunehmende Kreativität ist. So ergeben sich bei Querschnitts- und Längsuntersuchungen verschiedene Ergebnisse, die eben in der Methode liegen. Die bei einem Menschen gefundenen Intelligenzgrößen sind – wenn kein besonderer Krankheitseinbruch erfolgt – erstaunlich stabil, so daß die bei 50 Jahren gefundenen Intelligenzparameter im wesentlichen dieselben sind wie im 60. und 70. Lebensjahr, immer dieselbe Person vorausgesetzt. Es handelt sich hier um Konstante, deren Existenz sich immer mehr bestätigt.

Damit fassen wir zusammen, daß normalerweise ein intellektuelles Versagen im Alter keine Funktion des alternden Hirns ist, daß sich also nicht schicksalhaft mit dem Alter eine intellektuelle Minderleistung einstellt.

Immerhin ist doch zu fragen, wie es kommt, daß dennoch viele betagte Menschen über ein nachlassendes Gedächtnis und mangelnde Konzentration klagen. Sie geben oft an, diese Erscheinungen seien es, weshalb sie sich nicht anspruchsvollen kulturellen Tätigkeiten zuwendeten. Hier ist aber die Frage zu stellen, ob es nicht umgekehrt liegt. Trotz der festgestellten Konstanz der Intelligenzparameter müssen wir doch davon ausgehen, daß auch die Intelligenz der steten Übung bedarf, um funktionstüchtig zu bleiben. Wir wissen, daß sich sonst schon bereits im 35. Lebensjahr eine gewisse Vergeßlichkeit und eine Erschwerung des Problemlösens sich einstellen, allerdings nur bei denen, die passiv dahinleben. Das ist oft schlicht und einfach das Ergebnis einer intellektuellen Unterforderung. Diese Einsicht ergibt sich aus den Arbeiten von Bernd Fischer, Siegfried Lehrl und Mitarbeitern. Hier sind die Ergebnisse ganz auf die psychologische Praxis zugeschnitten und unter dem Slogan »Gehirn-Jogging« in die Öffentlichkeit gedrungen. Man sollte sich an dem saloppen Ausdruck nicht stoßen. Die Trainierbarkeit gewisser Intelligenzparameter

Foto 7: Menschen in ihrer Freizeit: Malerin in Paris (Foto: Blechmann)

ist jedenfalls nachgewiesen und steht nicht im Widerspruch zu Porchers zitierten physiologischen, zellorientierten Arbeiten. Tätigkeit hält gesund, Untätigkeit schwächt, Übermaß schadet, diese intuitive Einsicht des Pfarrers Kneipp gilt auch hier.

Erfolge beim Gehirn-Jogging

Wir haben Meßmethoden, um den therapeutischen Erfolg festzustellen, etwa den Stoffwechsel im Stirnhirn. Dabei wird ein radioaktives Element (z. B. Xenon), das eine Halbwertszeit von 5,3 Tagen hat, in die Vene gespritzt. Die ausgesandten Gamma-Strahlen lassen sich messen. Und die Komputerverarbeitung der Meßwerte ergibt erstaunliche Auskünfte: Wir sehen, daß bei intellektueller Tätigkeit der Stoffwechsel im Hirn wie die Durchblutung des Hirns selbst verbessert wird. Ein tätiges Gehirn regt die Durchblutung an. Gleichzeitig entsteht durch den Stoffwechsel Wärme. Auch sie ist heute bereits nachweisbar. Daneben gibt es noch anspruchsvollere Methoden, die Stoffwechsel und Durchblutung im Hirn regional erfassen, die allerdings nur Spezial-Instituten zur Verfügung stehen. Die Begründer des Gehirn-Joggings formulieren: »Das Gehirn-Jogging ist leicht durchführbar, macht Spaß und beugt der schädlichen Unterforderung des Hirns vor«.

Das erscheint uns wichtig, da bei zunehmender Freizeit immer mehr Menschen leben, die – obwohl sie im Alter durchaus körperlich und psychisch belastbar wären – den Tag mehr oder weniger untätig verbringen. Tatsächlich bietet das Alter, wenn es der Langeweile verfällt, den Jüngeren zahlreiche Angriffspunkte und fördert eine gewisse Altenfeindlichkeit oder gar Apartheid-Stimmung. Folgerichtig bedeuten solche Einsichten aber auch einen Aufruf an die Alten: Indem sie intellektuell aktiv werden, fördern sie nicht nur sich selbst, sondern widerlegen auch indirekt die im Schwange befindlichen Vorurteile.

In der Therapiewoche (1985, 35) ist zusammengefaßt: »Die zerebrale Leistungsfähigkeit kann bis ins hohe Alter erhalten bleiben, wenn Gesunde von normaler Intelligenz ausreichend von der Umwelt gefordert werden und geistige (muß wohl heißen: ›intellektuelle‹) Übungen durchführen. Bei etwa 10 Millionen der Bundesbürger sind aber sowohl das körperliche wie das geistige (s. o.) Training unzureichend. Präventivprogramme sind notwendig, um Dauerschäden zu vermeiden.«

Wie geht das Gehirn-Jogging vonstatten?

Es sei an einem Beispiel erläutert, das aus dem ersten Übungstag stammt. Die Verfasser haben hier Aufgaben nach ihrem Schwierigkeitsgrad gestaffelt. Eine der ersten sehr einfachen Übungen besteht darin, daß alle paarigen Ziffern oder Buchstaben zu durchstreichen sind, die sich innerhalb einer größeren Menge gleichen, etwa: 22 oder ZZ. Ein Teil des Buchstabenbeispiels sei wiedergegeben, damit jeder es einmal versuchen kann:

ZH	BB	NX	SE	RE
CC	XS	FF	HH	JK
XV	UU	BH	ZG	QW
BB	QW	DF	GC	KF
FI	HH	DD	TT	RR
FF	VB	NM	MK	VN
UH	EZ	GN	CV	HH
PF	CB	VV	FT	TZ
DI	ÜÜ	YN	ZF	UU usw.

Das ist (abgekürzt) eine der ersten Übungen, didaktisch so angelegt, daß sie keine Schwierigkeiten bietet und der Anfänger ein kleines Erfolgserlebnis haben kann und motiviert wird, weiter mitzumachen. Die Anforderungen werden in kleinen Schritten systematisch gesteigert. Das unmittelbare Behalten wird in anderen Zusammenhängen geübt. Hier besteht die besondere Aufgabe darin, einen bestimmten Informationsinhalt in zwei Sekunden zu speichern usw. Alle Übungen fordern und fördern auch die Konzentration, sind also auch angezeigt bei der sogenannten Konzentrationsschwäche, die als solche keine Alterserscheinung ist, sondern schon im frühen Kindesalter bei den schulischen Leistungen ein Handikap darstellt.

Die Funktionen des Hirns

Nun ist das Hirn für uns maßgebend wegen der intellektuellen Niveaubestimmung. Wenigstens erwähnt werden sollten auch die motorischen Steuerungsvorgänge, von denen wir noch wenig wissen. Einfache Beispiele wie die Mimik, die Fingerfertigkeit des Musikers, das Schreiben oder Sprechen werden hier gesteuert. Die Bedeutung dieser Abläufe wird erst recht deutlich, wenn wir an die schwerwiegenden Folgen etwa eines Schlaganfalls denken. Hier werden eng umschriebene Bezirke des Gehirns geschädigt und entsprechende Bewegungen unmöglich. Die Leistungen, die das Hirn bei der Steuerung natürlicher Bewegungen erbringt, sind außerordentlich vielseitig. Es übertrifft moderne technische Systeme, z. B. gehende Roboter. In jeder Phase einer natürlichen Bewegung muß das Hirn in kleinstem Zeitraum eine große Zahl von Aufgaben erfüllen. Dabei muß das Körpergleichgewicht erhalten bleiben. Der Atemrhythmus muß sich auf den Laufrhythmus einspielen. Jede Bewegungsfolge muß in ein besonderes Verhaltensmuster eingeordnet werden, an denen viele individuelle Muskeln beteiligt sind. Es handelt sich dabei um integrative Leistungen, die wir noch nicht völlig verstehen. Soviel ist aber sicher: Es liegt hier ein hierarchisch geordnetes Ganzes vor, in dem relativ einfache Strukturen und Vorgänge zu komplexeren zusammengefügt werden.

Physiologisch gesehen, ist das Hirn nach wie vor ein Wunder. Und daß auch die Psychologie ihm einen Platz einräumt, nehmen wir dankbar zur Kenntnis. Und doch sind wir nicht wirklich befriedigt, da weder die Physiologie noch die Psychologie ganz in der Lage sind, das Wunder des Menschseins aufzuhellen. Gerade der alternde Mensch ist ein höchst komplexes Wesen, bei dem die Leistungen des Hirns, so wesentlich sie auch sein mögen, nicht ausreichen, die *Persönlichkeit* zu umschreiben. Die Intellektualität des Menschen ist etwas höchst Bedeutsames. Aber durch kein Training, durch keine Medizin wird aus dem intellektuellen Menschen die Gesamtpersönlichkeit. Wir fühlen, daß da noch etwas fehlt. Wir spüren die Mißverständnisse, die dann einsetzen, wo man Gehirn und Geist gleichsetzt. Man liest aber darüber hinweg und meint, alles sei in Ordnung, wenn man die Gleichung Geist = Intellekt hinnimmt. Für viele ist auch das Gedächtnis der Spiegel des Geistes. Dann wäre u. a. der der geistigste Mensch, der am wenigsten vergißt - eine offenbare Ungereimtheit.

Intelligenz oder Geist?

Bisher ist fast nur von Intelligenz die Rede gewesen. Ja, einige Autoren scheinen eine Gleichsetzung vorzunehmen und bald das eine, bald das andere Wort vorzuziehen, um, wie im Schulaufsatz des Kindes, die Wiederholung zu vermeiden. Tatsächlich gibt es offenbar Zusammenhänge zwischen den hochkomplizierten psychischen Strukturen des Geistigen mit dem Physiologischen. Aber - wie schon Wellek bemerkte -, die Art der Verankerung wird wohl immer ein Rätsel bleiben. Aus jeder Lösung einer Teilfrage ergeben sich zwangsläufig hundert neue Fragen. Schließlich gilt grundsätzlich und ganz allgemein, daß psychologische und physiologische Abläufe auf verschiedenen, allerdings benachbarten Ebenen sich abspielen. Nur weil diese Nachbarschaft besteht, kann ja eine Verwechselung einsetzen. Verstehbar im Bereiche des Intellektuellen ist vieles; streng erklärbar, besonders im Bereich der Erinnerung, nur weniges. Man sollte die Grenzen nicht verwischen und wieder die Kritik eines Mediziners wie Ruhle beherzigen: »Es ist eine nicht auszulöschende, irrtümliche These, daß Einblicke in das Geschehen der Hirnvorgänge zugleich psychologische Einsichten ergäben, daß erst die Erfassung der molekularen Vorgänge in der Gehirnzelle der Psychologie die wahrhaft wissenschaftliche Basis geben würde. Dieser alte Denkfehler beruht auf der Verwechslung von physiologischen und psychologischen Abläufen. Selbst wenn es gelänge, feinste physiologische Funktionen auf feinste psychologische Vorgänge zu beziehen, bliebe das Wesen der Letzteren nur psychologischen Untersuchungen zugänglich. Jene oft erwähnte Kluft, über die Du Bois-Raymond einst sein berühmtes Ignorabismus aussprach, ist nicht eine Kluft mangelnder Technik oder mangelnder Erfahrung, sondern die Unvereinbarkeit grundsätzlicher Verschiedenheiten«.

Was folgt daraus?

Die Förderung der intellektuellen Denkfähigkeit des Menschen muß uns am Herzen liegen - und in diesem Sinne befürworten wir auch das Gehirn-Jogging. Das Ganze darf aber nicht so aufgefaßt werden, als ob die Intelligenz ausreichte, unser menschliches Personsein zu begründen als geistiges Wesen. Gewiß: Eine ganz vage Analogie ist ja zwischen Intellekt und Geist zu finden. Dann ist Geist nichts als Intellekt, Liebe nichts als sublimierter Geschlechtstrieb usw. Hier und jetzt: In der Auffassung, daß Geist und Intellekt dasselbe sei, liegt eine falsche Voraussetzung, nämlich die Einschränkung des Geistes auf nur eine Seite seiner Funktionen, nämlich auf das rational-Intellektuelle. Der Geist hat aber neben seiner hinreichend beschriebenen rationalen Funktion noch eine andere: die ideelle, die allerdings den Nachteil hat, daß sie sich der Messung entzieht. Das heißt aber nicht, daß es sie nicht gibt.

Um den Unterschied zwischen Intellekt und Geist in den Griff zu bekommen, zitieren wir den Psychologen Lersch: »Hier offenbart sich der Unterschied zwischen Begriff und Idee. Begriffe, mit denen das Denken in rationaler Funktion operiert, sind Knotenpunkte von Beziehungen. Mit dem Apparat des begrifflich-rationalen Denkens bekommen wir die Welt in die Hand, wir ergreifen und begreifen sie, stellen sie fest und machen sie verfügbar. Auch die Begriffe - und sie vor allem - sind Formen, in denen sich die Verzweckung der Welt vollzieht.« Und insofern ist die Intelligenz eine unverzichtbare Hilfe für die Lebensführung. Sie schafft

Zweckbestimmung und Orientierung, sichert aber leider keineswegs immer kritisches Vermögen. Dieser Intellekt ist nicht das Ganze des Geistes. Der Mensch nimmt noch andere Dinge wahr als der Intellekt: vergegenständlichte Urbilder dessen, was wir in der Innerlichkeit als *Sinnwerte* erleben, während wir dem Intellekt die *Zweckwerte* zuordnen. Und jeder weiß, daß sich im Alter immer stärker die Sinnfragen vordrängen. Keiner kann den Sinn seines gelebten Lebens messen noch seine Liebe usw. Aber Sinnwerte erweisen sich in einer Weise als lebendig und belebend, zu der es im Bereich des rationalen Denkens - etwa des logischen Schließens - keinen Vergleich gibt. »Der rationale Begriff ist etwas Unbelebtes; starres, bloßes Werkzeug und Instrument.« Das geistige Bild, die Idee aber, ist eine Vorstellung, die uns anspricht und aufruft. Ist das Denken in seiner rationalen Funktion ein Mittel, die Welt und das Dasein zu organisieren, so wird es in seiner geistigen Funktion zur Interpretation und Auslegung der Welt als Ordnung und Sinngehalt von Ideen. Die getroffene Unterscheidung zwischen rationaler und geistiger, intellektueller und sinnerhellender Funktion darf übrigens keineswegs so verstanden werden, als charakterisierten sie zwei Arten des Denkens im Sinne verschiedener seelischer Vermögen oder Instanzen. Es handelt sich lediglich um zwei verschiedene Richtungen, in denen das Denken zum Einsatz gelangt. Es ist irrig, Geist und Intelligenz in eins zu setzen, es ist aber auch irrig, »Reflexion« und »Besinnung« gleichzusetzen. Reflexion ist offenbar dem Intellekt verwandt, Besinnung mehr dem idealen Denken nahestehend. Wenn nun die Besinnung mit ihrer Sinnfrage dem älteren Menschen nahesteht, so heißt das nicht Intelligenzeinbuße.

Besinnungsfähigkeit und Gemüt

Es gibt auch im Alter den Menschen, der eine hohe rezeptive Intelligenz hat, dabei aber eine unterentwickelte Besinnungsfähigkeit und eine verkahlte Gemütslage. In der Besinnungsfähigkeit sehen wir die höchste *erfahrungswissenschaftlich erfaßbare Persönlichkeitsfunktion.* Der Psychologe Störring nennt sie treffend *»Dachfunktion«.* Sie hat mit Aufmerksamkeit und Konzentration, die sich im sachlichen Bereich betätigen sowie mit Wissensstand und Intelligenzniveau wenig zu tun. Tatsächlich gibt es im Alter wie auch sonst den gemütsarmen, rational gesteuerten Menschen, der in nüchterner Abschätzung der Wirklichkeit durchaus »besonnen« erscheint, aber dennoch gemütsarm ist. Gemüthaftigkeit und Intelligenzniveau sind Dinge, die nichts miteinander zu tun haben, sofern das Intelligenzniveau nur ausreichend funktionsfähig ist. Wie wir schon sahen, ist auch die Kreativität im Alter nicht eingeschränkt, denn die beim Problemlösen gefundenen Antworten sind durchweg nuancierter, durchscheinender und vielgestaltiger. In Krisensituationen zeigt sich deutlich das Gewicht des Besinnungspotentials.

Welchen Intelligenzquotient hatte Goethes Faust?

Eine skurrile, eine verwunderliche Frage, wenn man sie nicht überhaupt als Studentenulk abtut. Keiner kann sie beantworten. Aber sehen wir zu: Was uns an Faust auffällt, ist doch, daß er in seiner tiefsten Krise so ganz seiner rationalen Fähigkeiten entblößt dasteht, obwohl er doch alles studiert hat: Medizin, Juristerei, Theologie, alles doch geeignet, ihm gerade Orientierung und Hilfe zu sein. Ein Intellektueller ist er aber nicht geworden, auch keine Schreiberseele. Auch ist er nicht ohne eigene wissenschaftliche Anschauung. Und bei ihm ereignet sich das Sonderbare: nichts von allem, was er studiert hat, kann ihm in der Krise helfen. Vielmehr ist es so: Gefühlsreste aus seiner gemüthaften Tiefenschicht halten ihn vom Selbstmord zurück. Es handelt sich um gefühlsbetonte Kindheitserinnerungen. Durch den Klang der Osterglocken werden »kindliche Gefühle« in ihm wach, begleitet von bildhaften Vorstellungen, die ihn nun »vom ernsten, letzten

Schritt« zurückhalten. Worum geht es da? Doch nicht um eine rational trainierte Reflexionsfähigkeit, und sei diese noch so hoch entwickelt. Gemüthafte Strukturierung, das ist hier das Wort. Das ist etwas anderes als eine clevere Orientierung im intellektuellen Bereich, so nötig diese auch ist. Schließlich aber haben wir ja auch das Wort von der Intelligenzbestie, das ja den völlig gemütlosen, aber rational völlig wachen Menschen bezeichnet. Wir haben keinen Grund, uns ihn zu wünschen.

Ein so grundsätzlich naturwissenschaftlich orientierter Hirnforscher wie Eccles (Nobelpreis für Medizin, 1963) hat dem Schreiber dieser Zeilen gegenüber betont, wie das Personsein mit seinen kulturellen Fähigkeiten das Hirnorganische übersteigt. Wenn nun das Rationale auch der Güter Höchstes nicht ist, so ist die Pflege dieses Gutes uns allen doch genau so aufgegeben wie die Pflege des Gemüthaften. Die Vernachlässigung des Rationalen würde die praktische Orientierungsmöglichkeit im Leben einschränken und sicher ein Altern in Frische und Gesundheit beeinträchtigen. Pflegen wir daher unsere Verstandeskräfte, wo immer wir können, aber hüten wir unsere gemüthaften Kräfte wie unseren Augapfel. Das ist schwer, wenn - wie Nietzsche anmerkt - die Gewässer der Religion abfluten und alles auf Erden durch dir gröbsten und bösesten Kräfte bestimmt wird. Ans Ende möchten wir jedoch die Sätze der erweckenden Prognose des Pathologen Doerr setzen: »Geistige Arbeit ist noch im Alter fruchtbar. Das umfassende Verfügen über die Schätze des lebenslangen Lernens gibt uns eine große geistige Freiheit und eine oft bis in die letzte Phase reichende Unabhängigkeit von der leiblichen Bindung. Die anthropologische Altersforschung ist eine optimistische Wissenschaft«.

15 *Einsamkeit im Alter*

Zum Wohlbefinden gehört auch, daß der Mensch im Alter nicht allein ist. Der Mensch braucht den Menschen. Das ist eine alte Weisheit. Jeder hat das Bedürfnis, von einem anderen in seiner Eigenart wahrgenommen zu werden, zwar nicht von irgendjemand, aber von einer Person, die ihm besonders lieb ist. Nun bahnt sich im Alter in diesem Bereich etwas Kritisches an: die bisherigen Bindungen an Menschen werden dünner, und zwar aus mehreren Gründen: einmal wird der alternde Mensch anspruchsvoller in der Wahl seiner Bekannten, hat da manch negative Erfahrungen hinter sich, manche Enttäuschungen und weiß auch, daß nicht alle die, die ihm früher als Freunde galten, wirklich solche waren. Der andere Grund ist offensichtlicher: die Umgebung reduziert sich, die Freunde sind normalerweise ebenso alt, viele von ihnen sterben, und es entsteht so etwas wie ein Resonanzverlust. Wer hört noch zu? Die Stimme, mit der man spricht, fällt ins Leere. So entsteht eine Welt, die vom alternden Menschen mehr und mehr als kalt empfunden wird. Hinzu kommt, daß er immer mehr merkt, wie funktionslos er ist. Wer braucht mich noch? Wer nimmt überhaupt wahr, wenn ich einmal nicht mehr sein werde?

Wenn man in Zeitungen gelegentlich liest, wie Alleinlebende erst nach langer Zeit tot in ihrem Heim aufgefunden werden, so unterstreicht das nur die totale Isoliertheit, in der viele Menschen leben: man vermißt sie nicht. Im Älterwerden werden Hütten abgebrochen, aber keine neuen errichtet: Die Kinder verlassen das Haus, das Arbeitsleben findet ein Ende. Soziale Selbstverständlichkeiten werden zum Problem.

So sicher es ist, daß der Mensch den Menschen braucht, so sicher ist auch, daß nicht alle menschlichen Kontakte den gleichen Wert haben. Der Kaufmann, der dem alten Menschen hilfsbereit und freundlich entgegenkommt, ist in diesem Augenblick eine Bezugsperson mit positivem Vorzeichen. Sein Lächeln und seine Zuvorkommenheit haben indessen nicht die gleiche Bedeutung wie eine Unterhaltung, die dieser alte Mensch mit seiner Tochter oder einem alten Freund führt. Da erfährt er nämlich mehr als eine soziale Zuwendung: zwei Menschen gehen im Freundesgespräch aufeinander zu, und zwar auf eine Weise, die sie gegenseitig stützt, indem sie Gefühle, Hoffnungen und andere grundlegende Erfahrungen austauschen. Eine ältere Frau, die vielleicht nur ein- oder zweimal wöchentlich zwei Personen trifft, ist nicht isoliert, wenn sie glücklich verheiratet ist. Die Qualität ihrer Beziehungen zu ihrem Ehemann läßt gar nicht erst das Gefühl der Isolierung entstehen.

Isolierung oder Einsamkeit?

Überhaupt wollen wir im Folgenden die Isolierung von der Einsamkeit trennen. Auch Isolierung läßt sich nicht im luftleeren Raum bestimmen. Es gibt keine Meßgeräte dafür. Was Isolierung bedeutet, kann man immer nur sagen, wenn man die persönliche Biographie und den Lebensstil des Menschen heranzieht. Es gibt Menschen, die von Natur aus selbstgenügsamer und weniger auf Gemeinschaft und gemeinschaftliches Tun angewiesen sind. Es gibt schließlich viele Gründe, die den Menschen in die Isolierung treiben können: einmal die Erkenntnis, daß nicht alle gesellschaftlichen Tätigkeiten so wertvoll sind, daß es sich lohnt, in sie einzutreten. Anderseits gibt es Menschen, die so ichbezogen sind, nur um sich und ihre Probleme kreisen, daß die anderen sie geradezu meiden. Wer Gemeinschaft will, muß auch in der Lage sein, einmal von sich abzusehen. Kann er das nicht, so darf er sich nicht wundern, daß die anderen ihn nicht akzeptieren und sich empören, daß sie immer nur Klagemauer sein sollen.

Bei *Erkrankungen* ereignet sich mit einiger Gesetzmäßigkeit folgendes: Zunächst wendet die Umgebung dem Kranken erstaunliche Aufmerksamkeit zu. Aber je länger die Krankheit dauert, desto mehr verlieren sich diese Bindungen. Je länger eine Krankheit dauert, desto weniger Freunde lassen sich in immer längeren Abständen noch am Krankenbett sehen. Daß namentlich die chronische Erkrankung Entfremdung bedeutet und vom Kranken schmerzlich empfunden wird, ist nicht beweisbedürftig. Falsch ist jedenfalls eine ältere Theorie, die besagte, der alte Mensch habe von sich aus das Bestreben, sich aus der Gemeinschaft zu lösen wie eine Schnecke sich etwa in ihr Schneckenhaus zurückzieht.

Allerdings gibt es selbstgewollte Isolierung des Kranken, ein gewolltes Zurücktreten aus den gesellschaftlichen Bindungen. Das heißt aber nicht, daß diese Isolierung auch selbst*gewünscht* ist. Es ist viel komplizierter: Besonders feinere Menschen haben das Bewußtsein, daß die körperlichen Schwächen, die sie haben, sie fast automatisch ausschließen. Ehe daß die Gesellschaft den Ausschluß mehr oder weniger deutlich ausspricht, schließen sie sich selbst aus. Wir illustrieren das am Beispiel jenes Kranken, der die Kontrolle über seine Harnblase verloren hat (Inkontinenz). Da er nicht weiß, wann ein Urinabgang einsetzt, meidet er die Gesellschaft. Er fürchtet, ein solches Ereignis könnte während eines Besuches oder eines Tischtennisspiels eintreten. Der Umgebung aber, die von diesem Leiden nichts weiß, erscheint der Erkrankte als unbegründet unsozial, vielleicht auch als eigenbrötlerisch.

Solche Gründe, sich von der Gesellschaft fernzuhalten oder nicht in die Öffentlichkeit zu gehen, sind zahlreich: Sprachschwierigkeiten, Taubheit, die die Kommunikationsmöglichkeiten herabsetzt, Erblindung, Bewegungseinschränkungen. Schon die Furcht vor Stürzen hält einige Menschen davon ab, die Straße zu betreten. Wenn für den alternden Menschen mehrere Kommunikationsschwierigkeiten sich addieren, so wird die Umwelt ihnen zu einem Gefängnis. Ein besonders bewegendes Zeugnis liefert uns das Testament Ludwig van Beethovens. Darin ist die Rede von seinem geschwächten Gehör: »Aber, bedenket nun, daß seit sechs Jahren ein heilloser Zustand mich befallen, durch unvernünftige Ärzte sich verschlimmert, von Jahr zu Jahr in der Hoffnung gebessert zu werden, betrogen endlich zu dem Überblick eines dauernden Übels gezwungen, mit einem feurigen, lebhaften Temperament geboren, selbst empfänglich für die Zerstreuungen der Gesellschaft, mußte ich früh mich absondern, einsam mein Leben zubringen; wollte ich auch zuweilen einmal über alles das hinaussetzen, o wie hart wurde ich durch die verdoppelt traurige Erfahrung meines schlechten Gehöres dann zurückgestoßen, und doch war es mir noch nicht möglich, den Menschen zu sagen: Sprecht lauter; denn ich bin taub. O ich kann es nicht, drum verzeiht, wenn ihr mich da zurückweichen sehen werdet, wo ich mich *gerne* unter euch mischte, doppelt wehe tut mir mein Unglück, indem ich dabei *verkannt* werden muß; für mich darf Erholung in menschlicher Gesellschaft, wechselseitige Ergießungen nicht statthaben, ganz allein, fast nur soviel, als es die höchste Notwendigkeit erfordert, darf ich mich in Gesellschaft einlassen, wie ein Verbannter muß ich leben. Nahe ich mich einer Gesellschaft, so überfällt mich eine heiße Ängstlichkeit, indem ich befürchte, in Gefahr gesetzt zu werden, meinen Zustand merken zu lassen«. Hier – wie kaum sonst irgendwo – zeigt sich, wie einschneidend körperliches Geschehen sein kann, indem es den Menschen aus der Gesellschaft ausschließt. Wir aber haben zu bedenken, daß nicht alle selbstauferlegte Fernhaltung von dieser Gesellschaft selbstgewünscht ist, sondern vom Diktat der Krankheit erzwungen.

Isoliertheit und Einsamkeit

Wir sprechen hier noch von der Isolierung und haben das Wort Einsamkeit kaum bemüht. Wir wollen die beiden Begriffe getrennt halten. Bei der Isolierung ist zu beachten, daß wir heute zahlreiche technische Hilfsmittel haben, die Folgen einer Erkrankung zu mildern; Hörgeräte, Gehhilfen usw. Insofern diese Mittel greifen, können sie die krankheitsbedingte Isoliertheit mindern. Hätte Beethoven ein Hörgerät gekannt! Bei der Einsamkeit liegt es anders.

Zunächst sollten wir vorsichtig sein, ehe wir sagen, ein Mensch sei einsam. Er mag uns als Zuschauendem wohl so scheinen. Damit ist immer noch nicht gesagt, daß unser Urteil zutrifft. Es kann da durchaus Fehlinterpretationen geben. Eine gründliche Untersuchung dieser Problematik hat Schmalohr in seinem Beitrag zu Eckhart Lades »Handbuch Gerontagogik« (Aktuelle Verlagsgruppe, Obrigheim, 1986) gegeben. Seine Fallstudie sei hier zitiert: »Eine Frau kommt in die Beratung und sagt: Meine Mutter ist 81 Jahre alt, und ich mache mir Sorgen, weil sie nicht mehr ausgeht und nur noch zu Hause im Zimmer hockt. Manchmal hat sie verweinte Augen, wenn ich zu ihr komme, um nach dem Haushalt zu sehen. Sie sitzt dann am Fenster und spricht nur von Erinnerungen an die Vergangenheit, an unseren Vater, ihren verstorbenen Mann, an die Zeit, als sie berufstätig war und von anderen Dingen von früher. Ich kann nicht mitansehen, wie meine Mutter sich vor der Welt vergräbt, ganz unglücklich und einsam ist und sich in ihre vier Wände verkriecht. Vor allem möchte ich vermeiden, daß sich meine Mutter innerlich aufgibt. Ich habe mir deshalb vorgenommen, sie zu größeren Tätigkeiten anzuregen. In Büchern habe ich gelesen, daß bei älteren Menschen die Fähigkeiten durchaus nicht in dem Maße nachlassen, wie man es früher angenommen hat, wenn man nur im Alter aktiv bleibt. Ich möchte der Mutter durch Spazierengehen, Konzertbesuche und Mitgliedschaft in einem Altenclub dazu verhelfen, mit ihrer Einsamkeit besser fertig zu werden und in ihren alten Tagen möglichst glücklich zu sein. Aber meine Mutter – und das ist das Problem – läßt sich auf das alles nicht ein«.

Die Tochter diagnostiziert hier bei ihrer Mutter das Gefühl der Einsamkeit. Ob die Diagnose stimmt, muß sich noch zeigen. Zunächst: Das Gefühl der Einsamkeit ist an sich keineswegs an ein Lebensalter gebunden, hat aber im Alter einen hohen Stellenwert, Wer noch in der Mitte des Lebens steht, kann die berechtigte Hoffnung haben, daß sich verlorene Sozialkontakte, die sich aus den vielen Möglichkeiten des Auseinanderlebens ergeben, wieder knüpfen lassen und dadurch Verluste kompensieren. Diese Hoffnung entfällt mit fortschreitendem Alter. Dadurch bekommt die Einsamkeit eine neue Farbe: die des Endgültigen. Dem jugendlichen Blick nach vorne entspricht jetzt der Blick zurück als Leben in einer Erinnerung. Und somit ist die Erfahrung des Alleinseins anders als in der Jugend. Wir sprechen jetzt lieber von Vereinsamung. Das Alleinsein an und für sich erzeugt noch nicht zwangsweise einen Einsamkeitszustand. Es ist tatsächlich die Frage, ob die Frau aus dem zitierten Fallbeispiel sich wirklich vereinsamt fühlt oder ob das mehr die Interpretation der Tochter ist. Denn die Mutter äußert sich hier wie folgt: »Es ist nun einmal so, daß der Großteil des Lebens hinter mir liegt, ob wir es wahrhaben wollen oder nicht. Und daher gewinne ich auch einen Großteil meiner Freude aus dem Vergangenen. Ich genieße das so sehr, über mein Leben nachzudenken und darüber zu sprechen, daß ich wünsche, meine Tochter würde mir öfter dabei Gesellschaft leisten. Wenn ich aber anfange, von irgendeinem Erlebnis aus meinem Leben zu erzählen, möchte sie nichts davon hören, so daß ich lieber schweige. Mir ist dann, als interessiere sich meine Tochter gar nicht für mich«. Und weiter: »Ich sehe gerne fern und wünschte, ich könnte mir einen Farbfernseher leisten wie meine Freundin«.

Was sich hier als seelische Not ausdrückt, ist ja das Leiden am Nichtwahrgenommenwerden vom Gesprächspartner, der im übrigen nur das Beste will. Aber das Beste wollen ist eben nicht immer genug. Gewiß liegen hier auch kleine materielle Wünsche vor. Offenbar ist der Farbfernseher, den die Mutter sich wünscht, zu teuer. Aber die Mutter weigert sich durchaus nicht, in Sozialkontakte einzutreten, wenn sich diese ihr nur bieten. Die Empfehlung, einem Altenclub beizutreten, ist allerdings wohl zu wenig. Denn die Mutter sagt: »Es würde mir Spaß machen, hin und wieder mal mit dir und deinem Mann auszugehen, vor allem, wenn das Restaurant keine Treppen hat und wir früh am Abend ausgehen, ehe der große Andrang beginnt«. Indem die Mutter sich so äußert, zeigt sie, daß ihr Bedürfnis zu Sozialkontakten durchaus in der Norm liegt und daß ihre seelische Not offenbar aus dem mangelnden Verständnis der Tochter kommt. Sicher spielt auch eine leichte körperliche Behinderung eine Rolle bei der Erschwerung der Aufnahme von Sozialkontakten. Schmalohr faßt zusammen: »Man kann nicht bestreiten, daß die meisten älteren Menschen allein sind, schon weil sie alleine leben. Aber das Alleinsein bedeutet nicht gleichzeitig, daß damit das Gefühl der Einsamkeit verbunden sein muß. Jedenfalls berichten nur 15% der Alleinlebenden, daß sie sich oft einsam fühlen. Nur bei den über 80Jährigen sind es mehr«. Wie dieses Gefühl der Einsamkeit zu überwinden ist, ist nicht eindeutig und für alle gleich zu beantworten. Die Antwort wird meist in einer vergilbten Form gegeben und heißt dann »Zuwendung«. Wenn der ältere Mensch mehr »Zuwendung« nötig hat, wird er zum bevorzugten Objekt für alle jene sozialen Menschen, die sich als Helfer verstehen. So weit, so gut. Aber damit beginnt erst das Problem. Denn der, dem hier in der besten Absicht der Welt Hilfe und Aussprache angeboten wird, kann – je nach seiner personalen Beschaffenheit – eben im Akt der Hilfe, die man ihm angedeihen läßt, auf seine Hilfsbedürftigkeit hingewiesen werden. Es können komplizierte Wechselwirkungen entstehen, die dem Einsamen erst seine Einsamkeit zum Bewußtsein bringen. Was so aus bester Gesinnung geschieht, kann (muß aber nicht!) problematisch sein.

Zu dem gegebenen Fallbeispiel bemerkt Schmalohr denn auch: »Unser Beispielfall zeigt, daß die Schwierigkeiten nicht so sehr im Zustand der Mutter selbst, sondern mehr in den Augen der Tochter bestehen, die bei ihrer Mutter notvolle Einsamkeit annimmt. Weil die Mutter aber die Dinge anders sieht und mit ihrer Situation durchaus fertig wird, hat damit eigentlich die Tochter das Problem. Demgemäß müßte eine psychologische Hilfe, wenn sie gewünscht wird, nicht bei der Mutter, sondern bei der

Tochter ansetzen. Vielleicht genügt es in diesem Falle schon, daß die Tochter der Mutter richtig zuhört, damit sie ihre Auffassung ändern kann, die Lage der Mutter richtig einschätzt und ihr besser gerecht wird. Wenn das nicht gelingt, müßte man daran denken, daß die Tochter selbst ein persönliches Problem hat, das sie für die Einsamkeit der Mutter übermäßig sensibel macht«.

Stufen der Einsamkeit

Nun gibt es auch in der Einsamkeit Stufen. Es gibt eine mehr oberflächliche Einsamkeit, die sich verständlich machen kann und entsprechend schnell beheben läßt. Demgegenüber gibt es eine Einsamkeit, die man nicht mehr in den Griff bekommen kann. Sie hat ihren Grund in der Trauer um etwas nie Wiederkehrendes, allgemein um einen geliebten Menschen. Trauer ist kein Schmerz. Schmerz entsteht, wenn mir etwas zugefügt wird, in mich eindringt; Trauer, wenn mir etwas Liebes genommen wird, sich von mir losreißt, ein klaffendes Nichts hinterlassend. Trauer ist Verlust, tiefste Trauer Verlust der Welt, verkörpert in einem geliebten Menschen. »In der Trauer sein« heißt: Getroffensein vom Nichts. Was das biologisch heißt, lassen die Statistiken erkennen. Bei engem Zusammenleben - es muß nicht nur zwischen Ehegatten sein - bedeutet der Fortgang des einen eine Schwächung der Lebenskraft des anderen, so daß er in einem kritischen Jahr darauf dem Vorangegangenen nachstirbt. Ist aber das erste Jahr überstanden, liegt die Lebenserwartung innerhalb der statistischen Norm.

Es führt zu nichts, wenn man behauptet, Einsamkeit sei eine Krankheit. Die Einsamkeit ist die geheime Wunde unserer Zeit, und deshalb spricht man außerhalb der Psychologie nicht gerne davon. Nun kann Einsamkeit Beziehungen haben zu psychischen Erkrankungen, aber sie selbst ist keine Krankheit. Denn das Fehlen jedes Gefühles der Einsamkeit, die Unfähigkeit zur Einsamkeit, kann ebensogut ein neurotisches Symptom sein wie die stille, hochgradige Vereinsamung, die sich in völligem, jahrelangem Stillschweigen äußert. Will man das Streben in die Einsamkeit gegenüber dem Gemeinschaftsstreben als krank bezeichnen, so verkennt man die Situation. Einsamseinkönnen ist auch ein Signum des Menschseins. »In der Einsamkeit ist der Mensch bei sich zu Hause«, auch dieses Wort Nietzsches gilt.

Allerdings weiß der kranke Mensch, daß auch Leiden einsam macht. Der Mensch, der leidet, fühlt sich durch sein Leiden ausgestoßen aus der Gemeinschaft der gedankenlos Fröhlichen. Im Leiden ist der Mensch ganz bei sich, das Leiden schafft eine besondere Mauer, die nur schwer zu durchdringen ist. Hieraus resultieren schwere Depressionen, die nur ein Arzt mit Feuerwehrmentalität mit Psychopharmaka behandeln wird. In allen Gesellschaften ist der Tod die am stärksten depressionserzeugende Kraft. In fremden Kulturen übernehmen Klagerituale die Verringerung der Trauer, die der Tod verursacht. Sie leisten also entlastende Trauerarbeit. Einige asiatische Kulturen pflegen den Ahnenkult. Dabei werden die entschwundenen Toten zu Liebesobjekten und zu spirituellen Kräften, die solange allgegenwärtig sind, als man ihrer im Gebet und in den verschiedenen Ritualien gedenkt. Hier ist die Kultur ein Filter, das die westlichen Reaktionen auf todbringende Depression nicht kennen. Nur in beschränktem Umfang kennen sie Trauerarbeit als Entlastung.

Wie kann bei uns Einsamkeit aufgehoben werden?

Nur durch Hingabe an objektive Aufgaben, und seien sie noch so bescheiden. Freizeit an sich, d. h. ohne Aufgabe, stiftet auch für die Alten keinen Lebenssinn. Der alternde Mensch muß – wie jeder Mensch – eine Reihe von verbindlichen Verpflichtungen übernehmen. Sollten dabei kreative Möglichkeiten vorhanden sein, so umso besser. Denn das Alter schließt diese Fähigkeiten nicht aus. Anna Mary Moses war bekanntlich bereits eine alte Frau, ehe sie mit 78 Jahren als kreative Malerin in Erscheinung trat. Weniger bekannt ist, daß sie das nur unter dem Druck der gesundheitlichen Verschlechterungen tat: Ihre Finger wurden nämlich zu steif, um die bisher gehaltenen Sticknadeln zu halten. Daher jetzt die Wendung zur Malerei, zu einer Arbeit, die sie bis zu ihrem Tode im Alter von 101 Jahren ausführte. Es ist überliefert, daß sie sich niemals einsam fühlte. Wem das Schreiben im hohen Alter Mühe macht, benutzt einen Pinsel und beginnt zu zeichnen oder zu malen. Das Kreative läßt sich nicht aufhalten, wohl durch körperliche Gebrechen schwächen.

Die Vereinsamung des Menschen in unserer Massengesellschaft ist ein ständiges Thema der Philosophie und Kulturkritik, was besagt, daß es nicht nur den alternden Menschen betrifft. Aber bei ihm akzentuiert sich die Erfahrung des Einsamwerdens. Martin Buber hat die Faktoren beschrieben, die erst dieses Gefühl geschichtlich erzeugt haben: einmal liegt es am fortschreitenden Zerfall der alten Formen direkten menschlichen Zusammenlebens, also der Familie, der Dorf- und Stadtgemeinde usw. Das ist der Preis dafür, daß der Mensch politisch freigesetzt wurde und dadurch die bürgerliche Gesellschaft begründet werden konnte. Damit aber entsteht eine *Steigerung* der menschlichen Einsamkeit, die bereits zwei Jahrhunderte früher begonnen hatte, nämlich mit dem Verlust des Gefühls, in der Welt *behaust* zu sein. Mit dem Verlust der lebensnahen Gemeinschaftsformen verlor der Mensch nunmehr auch die Heimatlichkeit des Lebens. Dazu kommt ein seelengeschichtlicher Faktor: Der Mensch ist seit einem Jahrhundert immer tiefer dadurch in eine Krise geraten, daß er die Welt, die durch ihn selbst gestaltet ist, nicht mehr zu bewältigen vermag. Er weiß das Wort nicht mehr, das den Golem, den er geschaffen hat, bannen und unschädlich machen könnte.

Damit ist gesagt, daß es etwas völlig anderes ist, ob der Mensch in der früheren oder in der neueren Gesellschaftsform altert. Diese neue Gesellschaftsform läßt sich konkret beschreiben als das Zeitalter der Technik. Wohl wissen wir, wie schwer es ist, ein objektives Werturteil darüber zu erhalten, wie bestimmend ein Zeitalter für die Lebensgestaltung des Menschen ist. Oft ist man da in die Irre gegangen. Aber eines ist doch sicher: die Technik des 19. Jahrhunderts ist dem Sinne und dem Geiste nach etwas total Neues. Mit der Dampfmaschine als dem Symbol der industriellen Epoche vollzieht sich die Umkehr einer geistigen Gesamtsituation der Epoche, die nicht ohne Auswirkung auf das menschliche Zusammenleben geblieben ist: Der Mensch will nicht nur etwas Bestimmtes als Werkzeug für ein bestimmtes Ziel; er will Macht, zunächst ohne Bestimmung von Zwecken. Das ist die neue Formel, in die die gesamte neue Technik von der Dampfmaschine und dem Erdöl und den Kräften des Atomkerns aufgeht. Damit aber hat sich der Sinn von Technik völlig gewandelt: es geht nicht mehr um den Nutzen, es geht um Macht. Der Mensch spannt nicht mehr die Naturkräfte in sein Planen ein – das hat er immer getan –, sondern er beutet die Natur aus und bedient sich ihrer Energien zur Gewinnung von immer mehr Macht. Jetzt wird auf Kohle gegraben. Darauf ist die Menschheit zuvor nie verfallen. Was sie bisher suchte, wenn sie in die Erde grub, waren Metalle, Schätze. Nun aber sucht sie Kräfte: wo die Kohle liegt, wo das Erdöl erbohrt werden kann, wo das Uran liegt. Die geologische Struktur der Erdoberfläche wird unmittelbar ausschlaggebend für das wirtschaftliche und politische Gefüge der Erde; denn wer Zugang zu diesen Energien hat, der ist nunmehr mächtig über alle Grenzen hinaus, die dem Menschen einmal gesetzt zu sein schienen. Die beklemmende Frage, ob er das sittliche Maß aufbringen kann, seiner Macht selbst wieder Grenzen zu setzen, wird überhaupt erst jetzt gestellt.

Was hat das mit unserem Thema zu tun?

Nach dem weltgeschichtlichen Einschnitt ist auch die Stellung des Menschen in der Gesellschaft verändert. Das System der Zivilisation ist derart verkrustet, daß man von ihm aus nicht mehr in die Tiefe bohren kann. Man stößt immer wieder nur auf Rationalität und Effizienz. Das ist die fortschreitende Entfremdung des Menschen. Der Mensch sollte aber nach Freyer sein, »die mögliche Bohrungsstelle«. Der Mensch wird ja geboren, und er stirbt, er lebt, er liebt und er betet sogar und kann sich als einzelner besinnen und entscheiden. Und namentlich der alternde Mensch ist auf dieses Besinnungspotential als Brot des Lebens angewiesen. Darauf wandte sich schon der psychologische Blick von C. G. Jung (1875–1961). Er machte in seinen Sprechstunden die Erfahrung, wie schwer das Bohren ins Menschliche geworden war. Er sah nämlich, daß die meisten Probleme seiner Patienten über 35 Jahren religiöser Natur waren, dieses Wort in seinem weitesten Sinne genommen. »Unter allen meinen Patienten jenseits der Lebensmitte, d. h. jenseits 35, ist nicht ein einziger, dessen endgültiges Problem nicht das der religiösen Einstellung wäre. Ja jeder krankt in letzter Linie daran, daß er das verloren hat, was lebendige Religionen ihren Gläubigen zu allen Zeiten gegeben haben, und keiner ist wirklich geheilt, der seine Einstellung nicht wieder erreicht, was mit Konfession oder Zugehörigkeit mit einer Kirche natürlich nichts zu tun hat«. Aber gerade die Religionen haben sich in Anpassung an die Bedürfnisse der Massengesellschaft ihrer alten Autorität beraubt. Die realgeschichtliche Entwicklung hat sie entmachtet. Und das Problem der Einsamkeit liegt wenigstens teilweise darin, daß die Menschen in der ersten Lebensmitte nicht darauf vorbereitet sind, was sie in der zweiten Lebenshälfte erwartet. Wir haben zwar Schulen für Jugendliche, aber nicht für 40Jährige.

Die Probleme des Alleinseins haben nichts mit Mangel an Medizin zu tun. Sie gehen letzthin darauf zurück, daß die Gesellschaft den Menschen als Person außer Kraft zu setzen droht, indem man den einzelnen auf bestimmte Verhaltensmuster und bestimmte Rollenverständnisse festzulegen versucht. Das gilt besonders auch für die Alten, wo eine etablierte Konsumgüterindustrie die Bedürfnisse des alten Menschen ausnutzen möchte. Wo der Mensch ein genormtes Rollenverständnis hat, ist er für den Markt interessant. Unangenehm aber sind für den Markt echte und notwendige Sozialkontakte, weil sie das Gegenteil des Sozialkonformismus sind. Wir müssen damit Strategien entwickeln, die die Dressurversuche der Gesellschaft zunichte machen und wo auch die körperliche und seelische Seite der Gesundheit sowohl als Gabe als auch als Aufgabe wieder erscheinen.

16 *Die Seele und die Krankheit*

Im Kapitel über den Streß konnten wir sehen, wie übliche Umwelteinflüsse Krankheiten hervorrufen oder bestehende Anlage zu einer Erkrankung fördern. So vermag der Lärm den Blutdruck zu erhöhen. Magengeschwüre nach seelischen Erschütterungen sind nicht selten. Es ist gar nicht selten, daß Seelisches Körperliches beeinflußt, daß also seelisches Leid Krankheiten hervorrufen kann. Der Gedankengang ist bekannt und wird oft diskutiert. Er ist nicht abwegig. Nur kann er ins Absurde gekehrt werden, wenn man so weit geht, *alles* Krankhafte wurzelhaft auf eine seelische Störung zurückzuführen. Bei genetisch bedingten Leiden entfällt ja solche Vermutung von vorneherein. Aber auch sonst sollte man die Grenzen möglichst genau bestimmen und nicht überall Seelisches vermuten, wo Körperliches vorliegt, genau so, wie man nicht von vorneherein aus jedem Krankheitsgeschehen das Seelische ausklammern sollte. Beides sind extreme Irrwege, die sich im Laufe der Zeiten mit ziemlicher Regelmäßigkeit ablösen, aber auch in feindlichen Schulen gegeneinander leben, ohne sich miteinander verständigen zu wollen.

Grundthese: Jeder kranke Mensch hat nicht nur eine Krankheit, sondern nur die, die zu ihm gehört

Diese These ist weit verbreitet und führt krankhaftes Geschehen auf vorgegebenes Seelisches zurück. Extrem heißt das sogar, daß der Patient nicht nur eine Krankheit habe, sondern sie auch –

zumeist unbewußt – *wolle*. Damit ist nicht gemeint die bekannte »Flucht in die Krankheit«, wo der Mensch der Lebenswirklichkeit ausweicht, um in der Krankheit eben von dieser Wirklichkeit entlastet zu sein. Gemeint ist vielmehr, daß ein seelischer Wille die Krankheit an den Menschen heranziehe. Ein bekannter Forscher spricht deutlich von Primat des Geistigen, und zwar so, daß der Erkrankung die seelische Entscheidung zur Erkrankung vorausgehe. Dann erst würden sich in der Krankheit seelische Konflikte materialisieren. Man müßte dementsprechend jede Krankheit aus der Lebensgeschichte des Menschen heraus verstehen, nicht als ein zufälliges Geschehen, das der Mensch erleide, sondern als Zeichen existentiellen Versagens. Eben diesen Vorgang habe der Arzt zu verstehen und zu deuten. Solche Argumentation gipfelt für Jores darin, daß er es beklagt, daß heute dem Menschen sein Kranksein so einfach gemacht wird, indem man etwa dem Kranken seine Lugenentzündung so mir nichts, dir nichts, mit Penicillin wegspritzt, noch ehe der Kranke den Sinn seiner Erkrankung erkannt habe. Der Arzt aber habe als erstes dem Kranken zum Sinn seines Leidens zu verhelfen. Wo aber liegt der Sinn? Offenbar in einer seelischen Tiefe, die aber auch wohl dem Arzt nicht zugänglich ist. Dabei kritisiert Jores die naturwissenschaftliche Medizin und formuliert kräftig, nur der sei wahrhaft Arzt, der im Glauben steht »und dem Irrenden und Kranken aus einem echten Glauben weiterhilft auf dem Wege zur Selbstverwirklichung«. In solchen Äußerungen liegt zumindest die Gefahr, daß der Arzt dem Patienten die Verantwortung für das Dasein seiner Krankheit aufbürdet. Wer an die vielfachen Erkrankungen im Alter denkt, dem kann dabei nur angst und bange werden. Denn welchen Sinn sollten die Alterskrankheiten schon haben. Man müßte schon das Alter selbst als komplexe Schuld auffassen, diese aber dann logischerweise an das Leben überhaupt weiterreichen.

Zu welchen Ungereimtheiten solches Denken führen kann, sei an dem Mediziner Viktor von Weizsäcker (1886–1957) erläutert. »Daß nämlich die Medizin den Sinn habe, den Betroffenen zum Sinn seines Lebens zu führen; das einzusehen, hat die naturwissenschaftliche Medizin gründlich verhindert«. Darin mag viel Wahres liegen. Aber auch etwas Unkritisch-Ideologisches, wie ein Krankenbericht zeigt, den Weizsäcker für die Richtigkeit seiner These vorweist. Es geht um Folgendes: In den ersten Nachkriegsjahren wird ein Patient, Rußlandheimkehrer, in die Heidelberger Universitätsklinik eingeliefert. Er hatte bei seiner Heimkehr festgestellt, daß sich seine Frau zwischenzeitlich einem anderen Mann zugewandt hatte. Der Mann wurde mager, konnte nicht mehr essen, erbrach schließlich das Essen und starb. Ohne weitere Frage war das für Weizsäcker eine psychisch begründete Magersucht. Trotzdem wurde der Pathologe Doerr beauftragt, den Toten zu obduzieren. Dieser fand einen Krebs am Übergang von der Speiseröhre zum Magen. Dieser Krebs war offenbar die Ursache dafür, daß der Patient kein Essen mehr zu sich nehmen konnte. Damit war der Tod geklärt und wohl auch Weizsäckers Vermutung widerlegt. Als man ihm aber diesen Befund mitteilte, stellte er keineswegs seine frühere Diagnose in Frage, sondern fühlte sich im Gegenteil bestätigt: »Da sieht man, was es alles gibt, da hat der Patient einen Krebs aufgrund einer tiefen Depression bekommen«.

In solcher Sicht ist der Therapeut nicht zuerst der Heiler, sondern der, der dem Patienten zum Sinn seines Lebens und seiner Krankheit verhelfen will. Damit begibt er sich auf die Ebene des Religiösen. Besonders schwierig bleibt dabei die Frage nach dem »Sinn« einer Krankheit. Wenn es einen gibt, so kann ihn doch keiner erkennen ohne priesterliche Hilfe. Und so verfallen viele darauf, ihn in der Tiefe zu suchen, die wiederum unendlich vielfach gedeutet werden kann. Wir kommen damit auf einen Tummelplatz für Amateur-Theologen und Amateur-Psychologen.

Überhaupt ist das Verhältnis zwischen dem Patienten und seinem Therapeuten kritisch geworden, wie schon beschrieben. Der Patient ist ja keineswegs ein »Kunde«, der einfach therapeutische Leistung nach einer Gebührenordnung erkauft und dabei seine Selbstbestimmung behält. In der Regel ist es so, daß der Patient einen Teil seiner Autonomie abliefert, besonders dann, wenn die Medizin, die ihm verabfolgt wird, von einem Therapeuten verschrieben wird, zum Besten einer Person, deren Mündigkeit er nicht ermessen kann. Er übernimmt dann auch die Entscheidung darüber, was für den Patienten heilsam und was schädlich ist. Hier steckt der Kern einer therapeutischen Bevormundung, die sich bis in die Beeinflussung des persönlichen Wertesystems des Patienten vorwagt. Wie Gott den Menschen nach seinem Bilde schuf, so möchte mancher Therapeut seinen Patienten nach seinem Bilde schaffen. Wieweit das gehen kann, zeigt Lowrance (Modern Science & Human Value, New York 1985) an einem Beispiel aus den USA: Hier hat ein Arzt seine schwangere Patientin angezeigt, weil sie nicht seinen Vorschriften nachgekommen ist und das ihr untersagte Valium und Morphium weitergenommen hat. Das Verfahren wurde niedergeschlagen, so daß die gesetzlichen Dimensionen unklar geblieben sind. Dem Anklagemodell liegt aber doch der Gedanke zugrunde, daß die Patientin ungehorsam war. Dafür hätte sie nach Auffassung des Arztes bestraft werden müssen.

Moltmann sieht das Problem anders: »In archaischen Zeiten war die Medizin ein Teil der *Religion.* Der Medizinmann war Priester und umgekehrt. Der Übergang von der Religion zur Naturwissenschaft und Technik hat die Medizin zur *Wissenschaft* gemacht. Der Arzt versteht sich als angewandter Naturwissenschaftler. Das aber hat seinen Preis: Die Ganzheit des Lebens in der Vielzahl ihrer anderen Dimensionen ist aus dem Blick gekommen. Kulturgeschichte, Anthropologie, Soziologie und Religion kommen im medizinischen Ausbildungsgang wenig vor. Der Patient wird zum Objekt der Datenverarbeitung und Behandlung. Der Patient muß sich erst daran gewöhnen, zum stummen Patienten der ihn behandelnden Klinik zu werden. Auch das ist nicht immer ein einfacher Vorgang. Denn schließlich ist er ein Mensch und kein Ding. Er muß doch auch persönlich mit seinem Leiden fertigwerden«. Das ist gewiß richtig. Aber damit ist keineswegs gesagt, daß der Patient nunmehr einer Medizin überliefert werden darf, die ihn in ein Stadium der ebenfalls archaischen Unmündigkeit zurückwirft.

Aber wann haben wir es überhaupt mit Krankheit zu tun? Man hat in den letzten Jahren viel getan, soziale Einrichtungen zu »hinterfragen«. Das Verb setzt sozusagen voraus, daß man uns täuschen will. Die Antwort lautet stellenweise so, daß der Therapeut dann eine Krankheit diagnostiziert, wenn er eine Abweichung von einer schlechtdefinierten Norm feststellt. Insofern diese Normen sozial gebunden sind, ist der Therapeut der Vermittler einer sozialen und politischen Kontrolle. Hier ist schon zu sagen, daß die bloße Abweichung von einer statistischen Norm noch nichts besagt und auch kein ausreichendes Kriterium für Gesundheit oder Krankheit ist. Es ist statistisch normal, Zahnkaries zu haben, aber Karies ist trotzdem ein Krankheitszustand, der Behandlung erfordert. Keine statistische Norm ist nötig, um eine akute Blinddarmentzündung zu erkennen. Natürlich sind auch Therapeuten Vermittler gesellschaftlicher Normen, aber nicht mehr als auch Lehrer, Rechtsanwälte oder auch Journalisten. Für die Medizin: Der Begriff der Gesundheit ist noch schwieriger zu fassen als die Diagnose einer Krankheit.

Früher hatte schon der Bonner Chirurg Gütgemann auf die Gefahr hingewiesen, daß die medizinische Welt sich enthumanisiert: »Demokratie, nicht nur Bewußtsein des Wertes der eigenen Persönlichkeit, sondern zugleich Achtung vor der Freiheit des einzelnen wie Verpflichtung vor der menschlichen Gemeinschaft, entspricht primär humanitären Lebensprinzipien. Demokratisierung, ideologisch oder gedankenlos mit Autoritätsabbau gleichgesetzt, verzichtet auf die überragende Kreativität einzelner; in der dogmatischen Fixierung und Intoleranz gegenüber Andersdenkenden verbirgt sich die Gefahr der Enthumanisierung«.

17 *Leben in die Jahre füllen*

Das Altwerden ist nicht nur eine Sache, die den einzelnen betrifft. Die Gesellschaft reagiert auf das Altwerden und die Alten. Das gilt umsomehr, als die Zahl der Alten im Verhältnis zu den Jüngeren zunimmt. Und so sollten wir auch einmal das Altern vom Gesellschaftlichen aus sehen, eben soziologisch. Es ist dabei für den alten Menschen wichtig, daß er das Bild kennt, das sich die Gesellschaft von ihm macht. Es ist wichtig, daß er es kritisch sieht und nicht unbesehen Bildprägungen der anderen übernimmt und sie zu seinen eigenen macht.

Die Gesellschaft als ganze feiert oft und gerne Gedenkjahre. Und da hat vor einiger Zeit auch das Jahr der Alten nicht gefehlt. Weltweit wurden mehr oder weniger feierliche Ansprachen gehalten, es wurden mehr oder weniger betuliche Artikel von mehr oder weniger kompetenten Sachkennern geschrieben, die selbst meist keine Erfahrung mit dem Alter und dem Altwerden gesammelt hatten. Alles an Äußerungen erschien kostenlos und unverbindlich. Inzwischen sehen wir, daß es auch einige gescheite Analysen gegeben hat, daß aber insgesamt die Proklamierung des Jahres der Alten nichts angestoßen hat. Ungelöst stehen die Probleme, die die alten Menschen bedrängen, vor uns: Wir fangen von vorne an und haben Gefahren und Chancen des Altwerdens in unserer Gesellschaft neu zu definieren. Allerdings verdient ein grimmiges Wort aus dem Gedenkjahr, der Vergessenheit entrissen zu werden. Es stammt von dem Generaldirektor der Weltgesundheitsorganisation, Dr. Mahler, der sonst für seine nüchternen und zurückhaltenden Äußerungen bekannt ist, aber ausgerechnet im Gedenkjahr der Alten die Welt schockierte, als er feststellte, daß in den westlichen Industrienationen die Alten immer mehr ins gesellschaftliche Abseits gedrängt würden - trotz ihres zahlenmäßigen Anwachsens. Dabei prägte er das Wort von der »geriatrischen Apartheid«. Die provozierende Formel hatte nur ein kurzes Leben. Alle politischen Parteien waren sich einig, daß sie bald unter den Teppich gekehrt werden mußte. Denn eine solche Formel beschreibt ja nicht nur einen wirklichen oder vermeintlichen Zustand, sie ruft auch zum Handeln auf. Und das wiederum würde die parlamentarische Ruhe erheblich stören. Wir müssen uns heute fragen, ob die Formel heute noch ihre Berechtigung hat, und wenn ja, was wir tun können, um die negative Fixierung des Altenbildes in der Öffentlichkeit zu überwinden, denn ein solches Altenbild scheint ja Mahler vorauszusetzen.

»Geriatrische Apartheid«, das heißt doch, daß die Alten - wie jede andere Apartheid - eine im Grunde zu vernachlässigende und unterprivilegierte Größe ist, eine Randgruppe. Nun ist klar, daß das Wort »Randgruppe« nur beschränkt richtig ist. Bereits damals waren in den beiden Teilen Deutschlands mehr als 30 % der Bevölkerung 65 Jahre alt oder älter, nach Berechnungen des Weltgesundheitsamtes in den Industrienationen allein über 330 Millionen Menschen - also wahrlich keine zu vernachlässigende Größe. Für die Bundesrepublik muß man heute prognostizieren, daß im Jahre 2030 mehr als 50 % der Bevölkerung mit deutscher Staatsangehörigkeit Rentner sein werden, vorausgesetzt, daß die jetzige Geburtenziffer und die Lebenserwartung gleichbleiben. Die Mengenverlagerung im Bevölkerungshaushalt in Richtung auf ein Übergewicht der Alten dürfte sich fortsetzen, vielleicht sogar beschleunigen, so daß wir vom klassischen Aufbau der Bevölkerungspyramide nichts mehr wahrnehmen und statt ihrer eine sich nach unten verjüngende Säule haben. Somit kann sich das Wort von der Apartheid nicht so sehr auf eine zahlenmäßige Minderheit beziehen, es will vielmehr die Minder*bewertung* des Altenteiles unterstreichen.

Die Zunahme der Alten an der Gesamtbevölkerung hat mehrere Gründe. Zunächst denkt jeder dabei an die Fortschritte der

Medizin, die die gesamte Lebenserwartung des Menschen in unseren Breiten erhöht haben, wenn auch – wie wir wissen – die maximale Lebenserwartung bei uns seit Jahrhunderten gleichgeblieben ist. Sicherlich können wir einige, früher tödlich verlaufende Krankheiten, einfach von der Gefahrenliste streichen. So war früher – vor der Entdeckung des Insulins – die Zuckerkrankheit eine lebensgefährliche Bedrohung. Auch heute ist sie noch gefürchtet, aber mehr wegen ihrer Folgeerscheinungen. Andere Krankheitsbilder sind fast verschwunden – man denke an die Tuberkulose. Dafür gibt es neu auftretende, gefährliche Erkrankungen – etwa AIDS –, aber dennoch bleibt unter dem Strich der Erfolg der Medizin sehr beachtlich. Aber nicht nur der Fortschritt der Medizin erklärt, daß die Menschen heute älter werden, genauer, daß die Bevölkerungsgruppe der Alten stark angewachsen ist. Wir stehen vielmehr vor einer komplizierten, aber für Wissenschaft und Praxis höchst bedeutsamen Tatsache: daß nämlich biologische Abläufe – und dazu gehört auch das Älterwerden und die Veränderung im Bevölkerungsaufbau – durch soziale Fakten beeinflußt werden. Der Kampf der Medizin gegen die Krankheiten hatte erst dann Erfolg im Sinne einer persönlichen Lebensverlängerung, als der einzelne sich die neue Medizin auch leisten konnte, als er von sozialen Einrichtungen unterstützt wurde: etwa durch die gesetzliche Verankerung von Schutz- und Gesundheitsmaßnahmen. Wo der Mensch privat allein nicht in der Lage war, die ärztliche Hilfe voll zu nützen und die Lebenserwartung zu verbessern, traten soziale Sicherungen ein: Unfall- und Krankenversicherung wurden wirksam. Ein anderer Faktor kommt noch hinzu: der Rückgang der Geburtenrate, wie er sich zunächst in der Großstadt zeigte. Somit ist der Zuwachs der älteren Bevölkerung in unserer Gesellschaft von vielen Gegebenheiten her zu verstehen und nicht einseitig Ausdruck des medizinischen Fortschritts. Viele Faktoren wirken hier zusammen, was wir ein Summenphänomen nennen.

Die Zunahme der Alten ist zunächst etwas Quantitatives. Aber die große Zahl unterstreicht nicht nur eine Tatsache, sie profiliert sie auch. Wer, wie es oft geschieht, vom »Heer der Alten« spricht, hat in der Regel nichts Lobendes im Kopf. Der alte Mensch gilt als ein Minus, ein »Friedhofsgewächs« oder so ähnlich. Manche fragen sich auch, ob er noch ganz mündig ist. Eine kleine Gruppe strebte vor Jahrzehnten danach, ihm das Wahlrecht abzuerkennen, wenn er 65 Jahre wird. Die Neigung, ihm den Führerschein in diesem Alter abzunehmen, geistert noch immer durch die Diskussionen, wenn auch nachweislich die meisten Unfälle mit tödlichen Folgen von den Jungfahrern verursacht werden. Nun ist wohl keiner da, der ihm das Wahlrecht aberkennen möchte - dagegen steht ja auch das Grundgesetz. Aber die Tendenzen sind bedenklich. Einer Zeitungsnachricht entnehme ich, daß die Berliner Staatsanwaltschaft 1986 wegen des Verdachts von Medikamentenversuchen an alten Menschen mehrere Arztpraxen, ein Krankenhaus, ein Altenheim und Privatwohnungen von Ärzten durchsucht hat. Man verdächtigt die Ärzte, alten Menschen einen Prüfstoff (HWA 285) verabreicht zu haben, ohne sie über die möglichen Folgen oder Nebenwirkungen des Stoffes zu unterrichten. Dabei scheint es mir gleichgültig, daß darunter auch möglicherweise für unmündig erklärte Menschen waren, die einen Vormund hatten. Ob sich der Verdacht erhärtet hat, vermag ich allerdings nicht zu beurteilen, da meine diesbezügliche Anfrage im vorbereitenden Verfahren nicht beantwortet werden darf.

Das Unmündig-Erklären des alten Menschen findet im Alltag noch immer statt. Mancherorts besteht noch die Unsitte, den alten Menschen zu duzen und mit »Oma« oder »Opa« anzureden. Gelegentlich spricht die Gesellschaft in paternalistischem Ton von den lebensfrohen Omas und Opas, die noch rüstig das Tanzbein schwingen. Und ein Minister erklärt leutselig, daß man auch etwas für »die alten Leutchen« tun müsse - ein verräterisches Vokabular. Nichts kann so entmutigend wirken wie dieses aufmunternde Schulterklopfen, womit die Alten als unmündige Kinder gewertet werden, die einen Vormund - schon wegen ihres Alters - nötig haben. Dem Fiskus ist natürlich klar, daß die Zunahme der alten Menschen einen Zuwachs der Versorgungsaufgaben mit sich bringt. Damit werden auch »Steuerreformen«, ob klein oder groß, regelmäßig an den Alten vorbeigehen. Der Altersfreibetrag ist noch nie angehoben worden, obwohl die Lebenshaltungskosten gestiegen sind. Bei den Verteilungskämpfen um die Steuergroschen gelten die Alten als eine zu vernachlässigende Größe - also als Apartheid -, obwohl die Gleichbehandlung der Generationen zu den Grundfesten eines sozialen Rechtsstaates gehört.

Wieso eine solche Sonderbehandlung des »Heeres der Alten« möglich ist, klärt die soziologische Analyse. Alte und Junge stehen sich als Großgruppen in der Gesellschaft gegenüber, sind aber strukturell verschieden. Die Jugendlichen bilden eine hochgradig sozial motivierte Bevölkerungsgruppe, die durch viele Gemeinsamkeiten in der Setzung der Lebensziele zusammengebunden ist, man denke nur an die Berufslaufbahn. Aber was der junge Mensch als Ziel vor Augen hat, ist für den Alten nur im Rückblick da. Sein beruflicher Werdegang ist abgeschlossen, eine neue Gemeinschaftsbildung ist die Ausnahme; denn das Bedürfnis, neue Sozialkontakte zu begründen, ist gering. Insgesamt haben wir es mit einer noch nicht dagewesenen Erscheinung zu tun: Die Alten als Gruppe haben in den letzten Jahrzehnten zahlenmäßig am stärksten zugenommen, bilden auch sozialökonomisch eine Kerngruppe und haben doch die schwächste Homogenität und Bindungsbereitschaft. Sie sind auch am schwächsten in der Vertretung ihrer eigenen Gruppeninteressen, haben keine Lobby und lassen sich bis in die jüngste Gegenwart leicht in die Apartheid-Ecke stellen. Erst allmählich wächst ein stärkeres Protestpotential, und zwar nicht nur in der Gruppe der »Grauen Panther«. Eine andere Gruppe (Bund der Ruhestandsbeamten) obsiegte sogar im wesentlichen Punkt 1980 vor dem Bundesverfassungsgericht. Die vom Gericht geforderte Mängelbeseitigung war aber nicht mit einem festen Termin versehen, so daß sie heute noch aussteht.

Wenn nun Geltung und Ansehen des Alten Menschen in unserer Zeit gesunken sind, so hat das nicht nur mit dem zahlen-

Foto 8: Betrachter, mit wachem Interesse an seiner Umwelt teilnehmend

mäßigen Anwachsen dieser Gruppe zu tun. Eine Selbstbesinnung kann da genügen. Manche mögen sich noch gut ihrer Schulzeit erinnern, wo in den Lesebüchern der gymnasialen Mittelstufe Auszüge aus einem Aufsatz von Eduard Spranger standen mit dem Titel »Ehrfurcht vor dem Alter«, oder wo man im Lateinunterricht Ciceros De senectute (über das Greisenalter) las. Zugegeben: Das war jugendpsychologisch völlig ungeschickt und eine unerträgliche Verfrühung, aber wenigstens im Lesebuch stand das Alter nicht im Abseits. Ein Bewertungswandel scheint sich unter dem Einfluß einer allgemeinen Wertverschiebung in den humanen Elementen des Zusammenlebens vollzogen zu haben. Dahinter steckt unter dem Einfluß des angloamerikanischen Schrifttums die Neuwertung der Leistung. Leistung ist mehr und mehr verstanden im Sinne von »achievement«. In der Testpsychologie ist der »achievement test« ein Leistungstest, wobei das Messen ein Mittel zur Erfassung eines bestimmten Erfolges ist. Die Rationalität des Messens von Erfolg setzt sich durch. Im Leistungssport messen wir die Zeit für den Hundertmeterlauf, in der Prüfung messen wir unter anderem das Überdauern der gespeicherten Materialien des abstrakten Wissens. In einer durchrationalisierten Welt entscheidet das Messen oft über Erfolg oder Scheitern. Wo sich ein solcher Horizont verallgemeinert, erscheint der alte Mensch naturgemäß als Mangelwesen. Er ist anfälliger für Infektionskrankheiten, seine meßbare Vitalkraft ist gesunken. Er gilt sogar als weniger leistungsfähig im intellektuellen Bereich, und hier besonders im Bezirk des Kurzzeitgedächtnisses. Alles, was quantifizierbar ist, erscheint den Kritikern des alten Menschen als Minus. Sie vergessen allerdings, daß nicht alles quantifizierbar ist.

Die Kritiker vergessen, daß Ursula Lehr schon 1969 nachgewiesen hat, daß im Alter kein allgemeiner geistiger Abbau stattfindet, sondern daß es sich beim Älterwerden um einen Leistungs*wandel* sehr komplizierter Art handelt. Indessen wäre nichts falscher, als jetzt in eine Gesellschaftsschelte einzutreten und die Gesellschaft zu beschuldigen, eben dieses negative Bild der Alten aus sich heraus erzeugt zu haben; denn tragischerweise sind die Alten an dem überlieferten Altenbild nicht immer unschuldig. Sie verstehen oft den soziologisch-epochalen Sinn des Alterns nicht. Damit ist die Tatsache gemeint, daß das Kalenderalter in unserer Zeit relativ geworden ist in bezug auf das biologische Alter. Anders ausgedrückt: der 65Jährige von heute ist im allgemeinen physiologisch jünger, als es sein Vater in demselben

Lebensjahr war. Und eben daraus kann gelegentlich eine Rollenunsicherheit entstehen, wenn es der alte Mensch dem jungen an meßbarer körperlicher Leistung gleichtun will. Da kann das Jogging zum Selbstzweck werden und einen Lebensstil schaffen, der auf den Außenstehenden den Eindruck des Infantilen macht. Jeder kennt die Karikaturen solchen Verhaltens aus den Zeitungen.

Aber solches Verhalten ist nicht typisch, und die wichtigsten Gefahren für ein Altern in Gesundheit und geistiger Frische liegen woanders. Mit dem Ausscheiden aus dem Berufsleben kann ein gefährliches Stadium beginnen, wenn man mit der gewonnenen Freizeit nichts Rechtes anzufangen weiß. Die früher oft beschriebene Erscheinung des Pensionstodes ist allerdings bedeutungslos geworden. Sie gibt ja auch keinen Sinn in einer Gesellschaft, wo der einzelne glaubt, genug gearbeitet und nun Anspruch auf Entlastung zu haben. Allenfalls mag sich der, der besonders an seinem Berufe gehangen hat, nach einer kompensatorischen Tätigkeit sehnen. Hier hat die Forderung einen Sinn, daß der alte Mensch dort, wo man ihn aus dem aktiven Berufsleben entläßt, wenigstens noch eine konsultative Funktion haben sollte. Diese psychologisch richtige Einsicht ist in unserer arbeitsteiligen Welt kaum zu erfüllen. Nur für einige wenige Berufe gibt es die Möglichkeit, die alte Tätigkeit mit neuem Zuschnitt fortzusetzen, wenn etwa der Professor mehr oder weniger intensiv seine Arbeiten weiterverfolgen kann, und zwar nach individuellem Zuschnitt. Das gilt auch für den Arzt mit seiner Praxis. Der Künstler vollends kennt den Begriff des Ruhestandes gar nicht. Sie alle können geheime Lebenslinien nunmehr ausziehen. Aber sie sind gar nur wenige und stellen nicht das Ganze der Gesellschaft dar. Wie sieht es mit den anderen aus? Sicher ist auch für sie das Neubegründen oder das Fortführen einer Tätigkeit, die dem Leben einen Sinn gibt, das Wichtigste.

So liegt unser Akzent also auf Aktivität, Aktivität in all ihren Formen. Dieser Gesichtspunkt ist nicht so selbstverständlich, wie es zunächst scheint und wurde auch von der Altersmedizin nicht immer beachtet. Wir sahen, wie Nascher, der Vater der Geriatrie, in den USA die sitzende Lebensweise empfahl. Darin aber lag eine große Gefahr. Wir gehen heute davon aus, daß die große Chance darin liegt, daß durch die in der Freizeit gegebene Funktionsentlastung ein idealer Boden zur Entwicklung der Persönlichkeit gegeben ist. Tatsächlich aber sehen wir immer noch Menschen, die – obwohl sie auch im Alter körperlich oder geistig durchaus belastbar wären – den Tag mehr oder wenig untätig zubringen: morgens auf das Mittagessen wartend, mittags auf das Abendessen mit anschließendem Fernsehen und möglichst anspruchslosem Programm. Bei gutem Wetter kennen wir immer noch den permanenten Fensterlieger. Hier und anderswo beobachten wir einen Zustand geistiger Unbewegtheit, den man volkstümlich als Dösen bezeichnet. Hieran hängt die Gesellschaft gerne ihre Vorurteile gegen die Alten auf. Das Alter bietet, wenn es der Langeweile anheimfällt, allerlei Angriffspunkte und fördert die Apartheid-Stimmung. Folgerichtig ergibt sich aber aus dieser Situation ein Anruf an die Alten: indem sie aktiv werden, fördern sich nicht nur sich selbst. Sie widerlegen auch indirekt die gegen sie im Schwunge befindlichen Vorurteile. Daher: Leben in die Jahre füllen!

Ein Ausspruch des amerikanischen Präsidenten Hoover, den er mit 85 Jahren machte, ist bedenkenswert: »Wenn ich mit 70 Jahren zur Untätigkeit gezwungen worden wäre, hätte ich mich die letzten 15 Jahre mit Gleichaltrigen über körperliche Beschwerden und Medikamente unterhalten«. So sehr es verständlich ist, daß der alte Mensch, wenn er krank wird, mehr als andere seinen Gesundheitszustand reflektiert, so ist doch deutlich, daß das Kreisen um die eigene Krankheit, die ihm quasi zum Sozialpartner wird, seine Weltkontakte einengt und die Dialogbasis verdünnt.

Nun hat sich eine riesige Freizeitindustrie entwickelt, deren Angebot sich naturgemäß auch an die Alten als Menschen mit der größten Freizeit wendet. Denn längst ist das Alter nicht mehr die Zeit der Lebensreduktion eines Eremiten, es ist vielmehr durchaus konsumfreudig, soweit die finanziellen Mittel das zulassen. Im hohen Maße zeigt sich das am Sozialtourismus der Reiseindustrie. Der Anteil des Reisens am Freizeitbudget hat sich ständig - auch in Zeiten der Flaute - erhöht. Daß es inzwischen einen Marktmechanismus gibt, der den Sinn des Reisens eher verdunkelt, ist kaum bestritten und zeigt sich an der Heraufkunft einer eigenen kritischen Tourismusforschung, die für eine Humanisierung des Reisens eintritt. Wo das Reisen nur eine hektische Ortsveränderung ist, wo man Italien in drei Tagen und Paris in einem Tag »macht«, ist die Gefahr deutlich. Das Reisen bringt hier keine Distanz zur eigenen Normalität und gibt nur oberflächliche Eindrücke. Schon während der Reise geht die Erwartung auf einen neuen Zweig von Dienstleistungen, die hier eine besondere Art von »Betreuung« umfassen. Die zu wünschende eigene, entdeckerische Aktivität wird bereits durch die zeitlich begrenzte Berührung mit dem Reiseziel fragwürdig. Dabei entwickelt sich auch beim alten Menschen ein Konsumverhalten, das alle Ereignisse gleich einfärbt. Zurück bleibt ein flüchtiger Schein oder eine vage Erinnerung. Auch - und besonders - dem alten Menschen wird es schwer gemacht, in einer sozialtouristischen Fahrt durch kritische Aufnahme von Eindrücken und in der Verarbeitung dieser Eindrücke zu sich selbst zu kommen.

Fruchtbar können Tätigkeiten besonders dann sein, wenn sie sich nicht in einer altersgleichen Gruppe vollziehen. Hier bieten sich mancherorts Arbeitskreise, Volkshochschulkurse und der Besuch einer Altenuniversität an, der aber wegen der Ortsgebundenheit schwierig sein kann. Leben in die Jahre füllen! Das ist eine Forderung, die sich vielleicht im musisch-musikalischen Bereich am besten erfüllen läßt. Aber auch da, wo man einem allgemein interessierenden Vortrag folgt und anschließend das Für und Wider erörtert; wo man mit Argumenten diskutiert, geschieht Wichtiges. Im Entfalten der Argumente strukturiert sich Persönlichkeit, was im stillen Kämmerlein weit schwieriger ist. Der Weg der Alten zur Emanzipation geht nur über die Aktivierung und den Abbau von Vorurteilen.

18 *Auch Spurenelemente sind wichtig: Beispiel Magnesium*

Viele nur in Spuren im Körper vorhandenen Elemente sind als geradezu lebenswichtig erkannt worden. Aber auch hier macht die Menge das Entscheidende. Sie entscheidet, ob das Spurenelement positiv oder negativ wirkt. In der Zeitschrift »Chemische Rundschau« (1986, 23) konnte über eine Tagung berichtet werden, wo die Wirkung eines Spurenelementes in Abhängigkeit von seiner Konzentration festgestellt wurde. Bei zu geringen Konzentrationen können Mangelerscheinungen auftreten, die Kurve steigt bei Zufuhr dann allmählich an und erreicht ein Gleichgewicht, wenn Angebot und Verbrauch sich die Waage halten. Bei Überdosierung entsteht ein kritischer Bereich: die Kurve fällt wieder ab. Am Ende wird das Element zum Gift. Von den vielen Spurenelementen, Zink, Aluminium, Kupfer, soll hier nur das Magnesium betrachtet werden, das immer mehr (neben dem Selen) in den Blickpunkt kommt und gerade bei Herzerkrankungen angezeigt ist. Durch die zusätzliche Gabe von Magnesium konnte bei Herzkranken eine Einsparung anderer Arzneimittel erreicht werden. Als Nebenergebnis fand sich eine Tendenz zur Blutdrucksenkung. Magnesium ist praktisch frei von Nebenwirkungen.

Was ist bis jetzt zu den Ergebnissen zu sagen?

Endgültiges läßt sich noch nicht sagen, da die Versuchsgruppen in vielen Untersuchungen noch zu klein sind (38 Patienten). Soviel aber gilt: Magnesium hat eine krampflösende Wirkung, wodurch der Einsatz anderer krampflösender Mittel an den Herzkranzgefäßen herabgesetzt werden kann. Das konnte bei 31 der 38 Patienten erreicht werden, und zwar nach 3 Wochen. Positiv auch hier die leichte Herabsetzung des Blutdrucks von durchschnittlich 155/86 mm auf 148/80 mm.

Wo ist das Magnesium im Körper gespeichert? ⅔ befindet sich in der Knochenhaut, d. h. in dem Gewebe, das den Knochen umgibt. Das restliche Drittel befindet sich fast ganz im Muskelgewebe bis auf einen Rest im Blutplasma, wo es besonders in den roten Blutkörperchen vorhanden ist. Für den Patienten ist wichtig zu wissen, daß wenn ihm gleichzeitig calciumhaltige Präparate verordnet werden, er diese nicht gleichzeitig, sondern nur in zeitlichem Abstand nehmen sollte, da das Calcium die Magnesiumwirkung aufheben würde.

Wo nehmen wir unser Magnesium her?

Aus der Nahrung. Und hier stehen an der Spitze: Kleie, Kakao, schwarze Schokolade, Sojabohnen, Mandeln, Mehl, Mais, Datteln und Spinat, dann Seetiere, Trockenobst, Bananen. Praktisch frei von Magnesium sind: Kartoffeln, Linsen, Milch, frisches Obst und Butter. Eine Unterernährung an Magnesium ist sicherlich häufig anzunehmen. Wir verzehren zuviel poliertes Getreide, nehmen zu viel »schnelle« Nahrung zu uns. »Die Symptomatik eines Magnesiummangels ist charakteristisch, jedoch nicht spezifisch: Die häufigsten Symptome sind allgemeine Unruhe und Nervosität, Kopfschmerzen, Schlafstörungen und nächtliche Wadenkrämpfe« (so Ziskoven-Trübestein in Therapiewoche 1986, 36). Mit dem Magnesium, das uns heute etwa unter dem Handelsnamen »magnerot« zur Verfügung steht, haben wir also die Möglichkeit, Risikofaktoren bei Herzerkrankungen zu beeinflussen, aber auch Rhythmusstörungen und Krämpfe. Viel zu wenig wird noch beachtet, daß bei depressiven Zuständen ein

Versuch mit Magnesium gemacht werden sollte, ehe man die sog. Antidepressiva benutzt, die u. a. zu einem Abfall des Magnesiums im Körper führen können.

Wie kann man das Magnesiumniveau des Körpers messen?

Durch elektrische Messung der Muskelspannung, aber auch sehr viel einfacher durch Reaktionen, die dem Therapeuten Auskunft geben. Leider sind alle diese Befunde nicht immer ergebnisreich, so daß trotz allem eine verborgene Krampfbereitschaft angenommen werden muß. In einem solchen Falle ist eine kurze Selbstbehandlung anzuraten, die ja ungefährlich ist. Das hat sich in Frankreich längst als zweckmäßig durchgesetzt. Insgesamt erscheint das Spurenelement Magnesium von hoher Bedeutung: Es senkt die Blutfette, senkt den Blutzucker, wirkt der Thrombenbildung entgegen und ist damit ein hervorragender Gefäßschutz gegen die Sklerose. Ob das Magnesium auch auf die Zähne (Zahnbelag) wirkt, ist noch umstritten. Sicher aber ist, daß die Austrocknung der Oberschicht der Haut (Epidermis) verzögert wird.

Foto 9: Der Dargestellte ist Thoret, einer der franz. Pioniere des Segelfliegens. Sein Gesicht: eigenwillig, klug, nachdenklich, widerlegt besser als lange Bücher die Vorurteile, die über den alten Menschen noch im Umlauf sind (Foto: Lorelle, Paris)

19 *Medizin zwischen Mythos und Realität*

Wir haben die Medizin, die wir verdienen, aber haben wir auch die Medizin, die wir uns wünschen? Das ist ungefähr der Kern der Fragen, die uns von Immunologen, aber auch Medizinhistorikern und vor allem von Heilpraktikern und den sog. naturgemäßen Heilmethoden gestellt werden.

Welche Art Medizin möchten wir überhaupt?

Lindenmann hat zusammengefaßt: »Wir möchten eine Medizin, die mit hoher Wahrscheinlichkeit Krankheiten verhindert, heilt oder lindert, dabei nicht allzu teuer ist und dabei den Menschen in seiner seelischen und körperlichen Würde nicht tangiert. Diese beiden letzten Faktoren sind nicht meßbar, und ihre Beurteilung unterliegt großen kulturellen Schwankungen: Was noch unsere Großeltern gelassen in Kauf nahmen, etwa eine Zahnextraktion ohne Betäubung, empfänden wir als unerträgliche Quälerei. Dagegen sollte es möglich sein, eine Art Kosten-Nutzen-Analyse der Medizin durchzuführen, um auszurechnen, wieviel Gesundheit wir mit unseren Krankenkassenbeiträgen und unseren Apothekenrechnungen tatsächlich kaufen. Solche Analysen führen immer zu leidenschaftlichen Auseinandersetzungen, für die hier kein Platz ist.

Ist es vorläufig also unmöglich, eine solche Rechnung durchzuführen, so sei es doch denkbar, meint Lindenmann, nachträglich die Wirksamkeit der Medizin früherer Epochen zu durchleuchten. Man wird dabei niemandem zu nahe treten, denn die Ärzte von damals können sich nicht mehr wehren. Auf den ersten Blick ist ihre Leistung bewundernswert. Im Lauf der letzten 100 Jahre sind viele Krankheiten stark zurückgegangen, und die mittlere Lebenserwartung hat zugenommen. Denken wir zum Beispiel an die Tuberkulose: eine eigentliche Volksseuche, die in Europa epidemische Ausmaße angenommen hatte; viele Menschen waren davon befallen, für deren Behandlung überall Sanatorien erstellt werden mußten, die heute leerstehen oder zu Hotels umgebaut worden sind. Oder denken wir an den Abdominaltyphus, an dem Georg Büchner mit 24 Jahren gestorben ist und den man sich heute in exotischen Ländern holen muß.

Man wird vielleicht darauf aufmerksam machen, daß es sich bei den meisten Krankheiten, deren Häufigkeit abgenommen hat, um Infektionskrankheiten handelt, also um solche, die von belebten Krankheitserregern hervorgerufen werden. Aber das sind ja gerade die Krankheiten, welche dank einer mehr als hundertjährigen systematischen Grundlagenforschung am besten verstanden werden und gegen die wir über Waffen von unzweifelhafter Wirksamkeit verfügen: Antibiotika, Chemotherapie, Impfungen. Somit ist doch der Schluß naheliegend, daß der Rückgang der Infektionskrankheiten auf den Fortschritten der Medizin beruht. Tatsächlich wird nicht selten die Verlängerung der mittleren Lebensspanne in erster Linie eine Folge des Verschwindens vieler Infektionskrankheiten, als Beleg für die Wirksamkeit der Medizin angeführt.

»Die Auffassung, so schmeichelhaft sie für den Ärztestand auch sein mag, hält einer näheren Prüfung indessen nicht stand«. In England hat Mc Keown solche Überzeugungen in Frage gestellt (The Role of Medicine, Oxford 1979). Er konnte Sterbestatistiken fast lückenlos bis 1838 zurückverfolgen. Und daraus geht zum Beispiel eindeutig hervor, daß die Tuberkulose bereits im Abnehmen begriffen war, ehe der Tuberkelbazillus entdeckt war und mehr als hundert Jahre, bevor man ein wirksames Mittel besaß. Das gleiche gilt für die meisten anderen Infektionskrankheiten mit Ausnahme der Kinderlähmung, welche in größeren

Epidemien erst nach der Jahrhundertwende auftrat und deren Verschwinden mit Sicherheit eine Folge der Schutzimpfung ist.

Oder nehmen wir die Diphtherie. Den Studenten werden eindrucksvolle Kurven gezeigt, wo im zackigen Abwärtsverlauf der Diphtherie ein erster Pfeil die Einführung des Heilserums, ein zweiter jenen der Impfung anzeigte, und deren Suggestivkraft keine anderen Schlüsse zuließ, als daß eben Heilserum und Impfung die Diphtherie zum Verschwinden gebracht hatte. Das nimmt sich weniger überzeugend aus, wenn man bedenkt, daß auch dort, wo kein Heilserum verwendet oder die Impfung später empfohlen wurde, die Abnahme genau gleich erfolgte. Viele scheinbare Zusammenhänge zwischen Abnahme bestimmter Krankheiten und Einführung moderner Methoden erklären sich aus dem Umstand, daß in den meisten Ländern eine verläßliche Todesursachenstatistik erst erstellt wurde, als auch die Medizin sich modernisierte, während die Abnahme der Sterblichkeit sich schon seit 100 Jahren in voller Fahrt befand.

Mc Keown fragt natürlich jetzt nach den *wahren Ursachen* des Rückgangs der Infektionskrankheiten im 19. Jahrhundert. Er nennt drei wesentliche Momente:

1. eine reichlichere Ernährung,
2. eine Drosselung der menschlichen Fruchtbarkeit,
3. eine verbesserte allgemeine Hygiene.

Damit bestätigt er, daß es sich ganz offenbar um eine Erscheinung handelt, die wir heutzutage ein Summenphänomen nennen. Keiner der drei erwähnten Faktoren wurde von der damaligen Medizin in irgendeiner Weise beeinflußt. Das Lebensmittelangebot stieg infolge verbesserter landwirtschaftlicher Techniken und rationellerer Verteilung. Die Zahl der Kinder, die ein Ehepaar bereit war aufzuziehen, sank als Folge absolut unwissenschaftlicher, aber demographisch umso wirksamerer kontrazeptiver Praktiken. Die hygienischen Verhältnisse schließlich verbesserten sich aus einem mehr moralisch als medizinisch begründeten Reinlichkeitsbedürfnis und beruhten vor allem auf der sauberen Trennung von Abwasser und Trinkwasser.

Lindenmann faßt zusammen: »Die kontinuierliche Abnahme der Sterblichkeit über die letzten 250 Jahre ist somit nicht ein Triumph der Medizin, so lieb uns diese Vorstellung auch geworden ist. Das will nicht heißen, daß die Medizin ineffizient ist, aber daß sie sich stets davor hüten sollte, ihre eigene Wirksamkeit zu überschätzen«.

Aufgabe solcher kritischen Erwägungen kann nur sein, unser Gesundheitsbewußtsein zu schärfen. Wo sind wir als Kranke am besten aufgehoben? Es ist nicht immer der Therapeut an der Ecke, zu dem wir einen sympathisch kurzen Anmarsch haben, auch nicht immer der wegen seiner Freundlichkeit berühmte Arzt. Schließlich sollte man sich daran gewöhnen, in kritischen Fällen einen zweiten Therapeuten zur Sicherung der Diagnose in Anspruch zu nehmen, auch wenn dann die Krankenkasse streiken sollte. Mit Lindenmann, dessen Beitrag (NZZ Jan 1981) wir im wesentlichen wiedergegeben haben, wollen wir den Zweifel am Erfolgsanspruch der Medizin, der schon wach genug ist, nicht verstärken, sondern nur zum Nachdenken aufrufen.

Der Patient und sein Therapeut

Der therapeutische Erfolg hängt von der Behandlung des Leidens ab. Diese aber beginnt bereits beim ersten Besuche des Patienten. Damit ein harmonisches Gespräch entsteht, sollten beide Gesprächspartner einige Regeln beachten. Dabei hat der mündige Patient durchaus die Möglichkeit, auch kritische Fragen zu stellen, und er sollte sein Auskunftsbedürfnis nicht verstecken, d. h. Fragen stellen. Was sollte der Patient wissen? Was sollte er beobachten?

1. Der Patient sollte seine Beschwerden so knapp und sachlich wie möglich darstellen. Er sollte Weitschweifigkeiten vermeiden. Die Zeit des Therapeuten ist beschränkt, und es sitzen noch viele Patienten im Wartezimmer. Anderseits ist es nicht

ratsam, den Therapeuten mit einer eigenhändig fabrizierten Diagnose zu konfrontieren.

2. Dabei sollte sich anderseits der Patient nicht dümmer darstellen, als er ist. Normalerweise wird der Therapeut zufrieden sein, wenn er es mit einem intelligenten Patienten zu tun hat. Der Patient seinerseits wird kritisch genug sein, seinen Therapeuten schon beim ersten Gespräch einzuschätzen. Das merkt er an Fragestellung und Gesprächsführung, aber auch an kleinen Einzelheiten: mißt der Therapeut beim ersten Besuch den Blutdruck an einem oder an beiden Armen? Im Sitzen oder auch im Stehen? Bei dem routinemäßigen Benutzen eines Teststreifens für den Urin dürfte er sich dafür interessieren, ob dieser nur zur Bestimmung von Urinzucker oder auch von Eiweiß im Urin und anderer Stoffe geeignet ist. Anderseits macht es nur einen geringen Unterschied, wenn bei der Bestimmung des Blutzuckers die Bestimmung aus dem Vollblut oder aus der Fingerkuppe (Kapillarblut) erfolgt.
3. Der Patient muß darauf bestehen, daß ihm die genauen Laborwerte mitgeteilt werden, auch wenn er vielleicht im Augenblick nicht viel damit anfangen kann. Darauf hat er ein gesetzliches Recht. Es kann ihm nicht genügen, wenn der Therapeut ihm sagt: alles noch normal. Außerdem sollte der Patient sämtliche Ergebnisse des Labors notieren. Nur dann hat er sie gespeichert und kann eine Verlaufskontrolle vornehmen, wenn er wegen Ortswechsels oder aus anderen Gründen den Therapeuten wechselt. Zu bedenken ist, daß auch Laboratorien ihre Macken haben: sie sind so gut wie die Laboranten, die die Proben testen. Wenn bei einem Menschen mit Verdacht auf Blutzucker eine Zuckerbelastungsprobe angestellt wird und diese vor und nach Belastung dreimal den Wert von exakt 140 mg% angibt, so ist das physiologisch unmöglich. Der Patient kann daraus nur schließen, daß das Labor versagt hat. Wenn bei einem Menschen, der in seinem ganzen Leben einen normalen Blutzucker hatte, plötzlich ein Nüchternblutzucker von 432 mg% festgestellt wird, so ist das kein Alarmzeichen,

sondern in aller Wahrscheinlichkeit die Folge davon, daß zwei Proben verwechselt worden sind. Der wirklich Zuckerkranke kommt jetzt in den Genuß von Normalwerten, was allerdings katastrophal werden kann.

4. In einem Zeitalter der allgemeinen Wissensverbreitung auch im medizinischen Bereich, ist es natürlich, daß der Kranke alle seine verfügbaren Informationsquellen heranzieht, ehe er zu seinem Therapeuten geht. Der berühmte amerikanische Herzspezialist White berichtet, daß viele seiner Patienten vorher sein Handbuch studiert haben und tatsächlich - also auch ohne EKG - ihr Leiden einigermaßen genau bestimmt haben. Aber er fügt auch ironisch hinzu: »Die meisten hatten leider die falsche Seite aufgeschlagen«. Dieser überlegene Humor ist leider nicht die Sache des jungen Therapeuten, der noch am Anfang seiner Erfahrungen steht. Sollte aber der Patient ein wirkliches Selbststudium hinter sich haben und dem Therapeuten auf einem engeren Gebiete überlegen sein, so verhalte er sich taktvoll und weise ihn nicht ausdrücklich auf die Ausbildungslücke hin. Es ist ja anzunehmen, daß der Therapeut sich auf den nächsten Besuch besonders präpariert. Gerade der junge Therapeut gibt sich aus Unsicherheit übertrieben autoritär - wenigstens nach außen. Zur Not weicht er ins Medizinchinesisch aus, was für ein echtes Gespräch nichts bringt. Der Patient sollte dann, wenn er etwas nicht versteht, unbedingt nachfragen, besonders mögliche Zusammenhänge erfragen.

Gesundheit bis ins hohe Alter

Dr. med. Otto Schmid

Fit über 50

»Man soll nie damit anfangen, Aktivitäten aufzugeben und man soll nie aufhören, neue zu beginnen.« Dr. Otto Schmid ist überzeugt, daß dieses Rezept, zusammen mit einer sinnvollen Ernährung der beste Weg ist, um bis ins hohe Alter körperlich und geistig fit zu bleiben. Was er darüber hinaus noch zu sagen hat, lesen Sie am besten selbst in seinem Buch nach.

96 Seiten, geb., DM 19,80

Sharon Faelten

Bring Dich selbst in Schwung

auf natürliche Weise

Wie überwindet man Müdigkeit und Antriebslosigkeit? Wie bekämpft man nervliche Gereiztheit und Unfähigkeit zur Konzentration? *Kurz: wie bringt man sich selbst wieder in Schwung?* Dieses Buch gibt Antwort. Für jeden leicht nachvollziehbar werden hier eine Fülle von Anregungen für entsprechende Gymnastik- und Entspannungs-Übungen, für autogenes Training und für die richtige Ernährung gegeben – Sie werden dadurch nicht nur leistungsfähiger, sondern auch ausgeglichener.

128 Seiten m. 16 Zeichng., brosch., DM 16,80

PIETSCH

Der Verlag für Gesundheit
Postfach 1370 · 7000 Stuttgart 1